国家社科基金青年项目（15CSS001）结题成果
山东大学青年学者未来计划资助

20世纪
后半叶的
美国历史社会学

孙璇 著

American Historical Sociology
in the Second Half of the
20th Century

山东人民出版社·济南

国家一级出版社 全国百佳图书出版单位

图书在版编目(CIP)数据

20世纪后半叶的美国历史社会学 / 孙琇著. -- 济南:
山东人民出版社, 2025. 6. -- ISBN 978-7-209-15523-6

Ⅰ. K03

中国国家版本馆 CIP 数据核字第 20241BE020 号

20世纪后半叶的美国历史社会学

20 SHIJI HOU BANYE DE MEIGUO LISHI SHEHUIXUE

孙 琇 著

主管单位 山东出版传媒股份有限公司
出版发行 山东人民出版社
出 版 人 田晓玉
社 址 济南市市中区舜耕路517号
邮 编 250003
电 话 总编室(0531)82098914
市场部(0531)82098027
网 址 http://www.sd-book.com.cn
印 装 山东华立印务有限公司
经 销 新华书店

规 格 16开(170mm×240mm)
印 张 15
字 数 200千字
版 次 2025年6月第1版
印 次 2025年6月第1次
ISBN 978-7-209-15523-6
定 价 58.00元
如有印装质量问题,请与出版社总编室联系调换。

致　谢

本书的出版受惠于"山东大学青年学者未来计划"的鼎力支持，特此致谢。

本书草稿属国家社科基金青年项目《20世纪中叶以来的美国历史社会学研究》（15CSS001）的结题成果。

作出修订后的第一章和第二章讨论了历史社会学的兴起及其对"经典现代化理论"的抗辩，这一部分属2024年国家社科重大项目《"全球整体"视域下的世界现代化史研究》（24＆ZD029）之子课题《现代化发展新趋势与中国式现代化的稳步推进》（子课题负责人为笔者孙琇）的阶段性成果。

前　言

本书试图对20世纪中叶以来历史社会学在美国的兴起做出一种个人化的解读。

导论部分对历史社会学的概念做出了简单的学术史梳理，并说明了美国历史社会学的基本分期和代表人物，同时交代了本书随后五章的主要内容和内在关联。主体部分可分为上下两编。

上编由前三章构成，试图在史学史的脉络中捕捉这一新兴学科得以兴盛的外部社会背景和内在学理机制。笔者认为：美国国内风起云涌的社会运动和冷战外交在外部地区所遭受的溃败推动了美国大学里的学术范式转型。以帕森斯为首的"经典现代化理论"受到了以"历史化视角"来纠正"非历史图示"的边缘学者的围堵。从学理的内在博弈上看，这是非主流学者以历史主义为武器对美国社会科学过度实证主义化的一种纠偏，具有反体制、反专业化、反学科封闭的意味。学科对话直接激发了一批社会学家复归古典社会学传统；同时，历史学自身的学科特质也被相邻学科所借鉴和吸收。由此，历史社会学在20世纪后半叶的美国学界兴起并壮大。"历史性"作为一切社会现象的基本属性不再被忽略或回避，而是重新获得了重视。

下编由后两章组成，试图对公认的美国历史社会学的代表著述做出文本解读，并讨论它们在史学史中的价值以及各著述间的对话和承袭。

其中，第四章所选取的对读文本体现了美国历史社会学在20世纪后半叶的最典型样式，第五章加入了对一位欧洲历史社会学家的分析作为外部参照，试图体现美国学者和欧洲学者间的差异以及美国历史社会学家们所不同于欧陆同侪的独特的问题意识，进而呈现历史社会学在美国的独特风貌。希望此种以人物和著作为中心的记述方式能向读者展示历史社会学在实证研究中的特色所在，包括其优势和尚存的问题。

20世纪后半叶，美国历史社会学的兴起和后续发展是由冷战的现实政治需要、学界内部历史主义对经典现代化理论的修正以及学者自身的师承关系和著述抗辩，这三重原因交汇的产物。这不仅是分支学科历史社会学兴起的原因，同时也是推进其实现代际更替的动力所在。20世纪80年代后，历史社会学内部对结构主义偏好的日渐疏离，甚至发出质疑，也与史学研究由"社会史"到"文化史转向"的大环境构成了一种呼应。如果说历史社会学的兴起，是社会学家吸收并采取了历史学家的"时间性"变量，那么历史社会学的代际更替，则是社会学家试图借助历史学家对"偶然性"的尊重来消解其对"规律性"的天真崇拜。

曾为历史社会学专门著书立传的英国学者丹尼斯·史密斯曾说："就其精髓而言，历史社会学是理性的、批判的和富于想象力的。"20世纪60年代，美国的历史社会学首先在社会学界内部异军突起，它本身就有明确的批判指向。它试图"如实直书"，呈现历史现象天生具有的丰富、多元和不确定性，进而击碎美国中心论者强力推销普适价值的盲目自信。美国的历史社会学也不断从欧陆的学术传统中汲取养分，试图借鉴其他国家和其他学科的经验来矫正当时正陷入困境的美国社会科学。从这个意义上讲，在"黑天鹅"事件频发的2024年，回顾这一学派的发展，也让我们看到了美国学者曾经具有的广阔胸襟和开放心态。这一学派所带给我们的最大现实启示就是：永远不要过度追逐规律性和预测性，历史的潮流常常会被偶然性和多样性所截断或改向。历史社会学就是要致力于打破宏大理论对规律的执着和预测的期待，呈现历史现象本身的异质多元，以求在中观层面，基于观察而适度归纳。

美国的历史社会学拒绝在宏观规律性和微观偶然性之间做非此即彼的判断，而是关注特定时空中的中观机制，这让它的解释效力得以显著提升。本书试图从史学史角度梳理其理论演进的历史过程，期待能与同行展开进一步讨论，获得方家的批评指正。

目　录

导　论

　　20世纪中叶以来，美国的史学研究受到了社会科学的深刻影响，甚至有种说法称其为"历史学的社会科学化"。曾经一度壁垒森严的学科界限被打破，不同研究领域的学者获得了彼此借鉴、相互批判的对话空间。在这一大的学术态势之下，新的研究领域不断涌现，新的研究方法不断翻新。传统的政治史、思想史、社会史等写作范畴开始告别以重大事件和人物传记为中心的历史编纂模式，写作手法不再是旧有的史料派和史观派的独角戏，相邻学科的新型分析方法和解释模型也被拿来"新瓶装旧酒"：旧有史学议题经过全新的阐释，呈现给读者一种耳目一新的感觉。史学作品的外在整体风貌变得越发多元，内在解释框架也变得日益精巧。历史解释越发仰赖于对现象互动之内在"机制"（mechanism）的剖析，分析历史的过程如同解构一台精密运转的机器，科学主义的眼光敦促史学家们越发变得确切和精准——不仅要凭史料说话，更要"打破砂锅问到底"，对史料本身和史料运用过程进行科学化的考察：学者们将史料置于具体的社会空间中，用心理学的潜意识理论来分析史料记录者的心理动因和落笔倾向；用政治学的"理性选择"模型来质疑史料存留所涉及的"利益最大化"假定；用社会学的人际网络和关系分析追溯史料流传和辗转的历程。甚至史料本身的内涵和外延也被重新定义，随着量化历史（Quantitative History）研究的兴起，标准化的机读数据曾经让历史史料变得越发脱离其时空背景，成为一种被贴上科学标签的纯粹的事实。史学家们力图以一种科学主义的做派"向前"

3

追问史料来源的精确性，以此来确保"向后"推演出来的解释逻辑的严密性。写作过程中的分析链条必须前后一致，如能经得起自然科学标准的反复推敲，这似乎就是对"求真"追求的最大褒奖。史学的客观性问题是19世纪历史学学科化过程中的核心问题，也构成了20世纪历史学的基调和底色。美国学者彼得·诺维克（Peter Novick）曾指出："职业历史学的核心是'客观性'的思想和理想，它是这项事业的基石，也是它继续存在的理由。在美国历史学界，历史学家以及他们的历史著作要获得奖励和称赞，这一品性是首要的标准。"①

20世纪中后期，随着史学研究日渐采取"从地窖到阁楼"的"自下而上"的研究路径（the bottom-up approach），新型的社会史研究日渐取代了以大人物为中心的政治和军事史的传统写作范式。"宏大叙事"（grand narrative）的风格受到了挑战、质疑，甚至被取代。底层小人物获得了发声的机会，社会微观互动的多个层面被生动地予以呈现。而作为曾经的"历史的无言者"，这些小人物所存留下来的史料往往不是档案馆中完备的官方书面记录，反倒是那些更日常、更琐碎的日常器物、服饰装扮、饮食习惯、流水账簿、口述家史等支离破碎的生活遗存。而出色的新社会史家却能在拼接、复原这些碎片化的历史遗痕的过程中调用社会学、心理学、人类学、政治学以及更为时髦的行为科学（behavioral science）的解释模型让逝去的一个个小人物们获得生动而可爱的新面目，

---

① 〔美〕彼得·诺维克：《那高尚的梦想："客观性问题"与美国历史学界》，杨豫译，北京：生活·读书·新知三联书店，2009年，导论第1页。原书 Peter Novick, *That Noble Dream: The "Objectivity Question" and the American Historical Profession*, Cambridge [England]: Cambridge University Press, 1988. 该书在首版之初就被美国历史学家协会（OAH）授予年度著作大奖，它敏锐地把握住了美国在建立专业史学时的核心诉求，即向科学主义靠拢。

发出"庶民的声音"。文化史巨擘彼得·伯克（Peter Burke）曾在《眼见目击：作为历史明证之图像的运用》①一书中用一个视觉名词"马赛克方法"（mosaic method）②来形容社会文化史研究的这一路径。这种历史写作的新方式可以同一种美术技法"点彩画法"（pointillism）相类比。并不彼此连接的细小色块，因其摆放位置和色差的渐变而被赋予意义和内容。如果观者拿着显微镜伏在画面上近观，看到的只是一堆碎片化的、貌似无序的色块；而举目远观，则因其整体组合而能突然领悟到画面的全貌和表达的意涵。历史写作何尝不是在考验史家的拼接和排列能力呢？只是这种技巧背后需要某种范式性的（paradigmatic）规则和业内认同的操守。史家认识和处理历史事实的方法发生了很大的变化。方法上的求新求异成为一种时髦，也是青年学者借以跻身学界的捷径。同时，任何研究方法上的转向也都反映了某种深层次的史观上的变化。社会史构成了史学研究的新中心，社会学的一些基本观念和研究方法为历史学家所接受。这本身也是茨威格笔下"昨日的世界"落幕之后，大众民主时代所带来的一种社会后果在象牙塔中的反映。学术民主化也反映了对精英史学的彻底抛弃，以社会为中心的写作范式代表了一种政治正确。

与此同时，新社会史家们纷纷借助新的学术刊物以宣传他们的主张。此类刊物包括：法国年鉴学派的《年鉴》杂志、英国"文化的马克思主义者"（简称"新马"）的《过去与现在》以及意大利微观史学家们的《历史笔记》（Quaderni Storici）等。敏锐觉察到这些变化的史学家们开始

---

① 中译本也被翻译为《图像证史》。见〔英〕彼得·伯克：《图像证史》，杨豫译，北京：北京大学出版社，2008年。

② Peter Burke, *Eyewitnessing: The Uses of Images as Historical Evidence*, London: Reaktion Books, 2006, p.11.

使用他们的"定名权",试图规范并界定这些研究方法上的新动向。在历史学这一学科门类之下,某些次级范畴被划定出来,所谓的"新兴学科"不断涌现。新兴的分支学科,处于两种或多种学科的交叠之处,无论是在内容上,还是在方法上,都呈现出了一种兼收并蓄、推陈出新的态势,焕发出了强大的活力,成为新的学术产出的增长点。

这些新兴学科的定名往往是基于研究内容和分析方法上的特点而做出的。以"影视史学"为例,它借助电影中蒙太奇式的呈现方式和视觉图像原理,关注影视作品对真实历史事件和人物的"再阐释"。它要求史学家回答如下的问题:这种借助"电影语言"所做出的历史提炼如何影响和覆盖了先前的历史解释,成为后世历史认知的重要途径?以"心理史学"为例,它在剖析历史时,更注重心理分析方法的运用,从历史人物的心智形成和潜意识的自我表达中对旧有的历史解释和人物评判做出颠覆性的解读,它要求史家关注历史行动个体的内在心智和精神驱动力。

还有一些新兴学科的定名是基于对旧有学科归类的挑战,也就是说,要打破既定的学科藩篱。曾被典范化的学科框架和学科界限被突破,不同学科间的边界变得模糊甚至被消解殆尽。①学科对话极大促成了新兴分支学科的异军兴起,在此潮流中,历史社会学是其中的一种,也可以说是20世纪后半叶社会史研究向前迈进的一种结果。虽然它最初的发起人多来自社会学内部,但其汲取的相当一部分历史资源则来自历史学的研究主题和方法论基础。历史社会学的响应者和推动者日渐具有多学科的属性。

---

① 美国历史学家彼得·诺维克出生于1934年,于20世纪60年代进入美国史坛。他曾在1988年指出:"我们生活在一个类型渐趋模糊的时代,各种学科研究之间的许多传统边界已经消失。"见〔美〕彼得·诺维克:《那高尚的梦想:"客观性问题"与美国历史学界》,杨豫译,北京:生活·读书·新知三联书店,2009年,导论第7页。

　　历史社会学（Historical Sociology）作为历史学与社会学交流、吸收、借鉴的产物，已经成为一种新型的史学研究视角。这一视角的最大价值在于改变了以往互不往来的史学家们和社会学家们的自我定位。一方面，历史社会学的视角提醒历史学家要关注人在社会结构和社会机制变迁中的被动性和可塑性；在另一方面，也提醒社会学家思考时间纵轴上的路径依赖如何赋予静态的结构因素以弹性和变化。前者可以说是让史学家们更加臣服于历史人物的"社会建构论"解释，后者可以说是要让社会学家们冲破静态机械的建模习惯，更加接受历史主义思维对"流动不居"和"个别特殊"的认可。简言之，历史社会学这一分支学科是寻找"规律性"的社会学思维和寻找"特殊性"的传统史学思维的一种碰撞和对话，这为打破旧有学科壁垒的区隔、以一种跨学科的研究方法来对旧有议题提出新的解读提供了可能。

　　在20世纪里，这一分支学科的出现和成长是一个值得回顾的历史过程，梳理其成长的脉络，可以透视出诸多学术流变中的内在机理，同时也会直击历史学的本质。历史学本身对时间特质的关注极大挑战了静态社会学模型的解释限度，而历史学对偶然和意外的接纳程度也直击了那些力图建立普世化规律模型的社会家的短板。历史社会学在美国出现伊始，貌似是在社会学内部分化出来。但实际上，正是历史学中社会史研究在二战后的井喷式发展，直接启发了部分社会学家的研究转向。历史社会学的兴起是受历史学界中的社会史研究的启发，由非主流学者所发起的、针对社会学界中的理论偏离而做出的一种纠正。

一、历史社会学的定义及其早期的欧洲传统

　　"历史社会学"这一概念的形成（the formation of the concept）本身

也是一段漫长的历史过程，如果从"历史语义学"上对其进行追溯，一定会千头万绪，无从下手。因为这一概念本身曾经充满了异质性和含混性，且在不同国别和不同时段背景下具有极大的差异。每一国家和每一代际的学者都试图在其各自所身处的学科领域和研究范围内征引这一研究视角和理论方法。他们都是基于其各自的具体需要来加以阐释和论证这一概念。甚至可以说：这一概念的母型也难以把握，因为不同学科（除社会学和历史学以外，还包括政治学、人类学等）和不同研究领域（社会史、文化史、民族国家史、国际关系史等）所面临的问题意识和研究对象差异显著，因此，他们各自调用"历史社会学"的操作方式和后续引发的实际效果也千差万别。美国历史社会学的代表人物查尔斯·蒂利（Charles Tilly）也曾指出：没有一个明确界定的"历史社会学"的特定疆域，"这个领域缺少学术上的统一性，而就其本性来说将永久缺乏"①，任何试图对其进行制度化处理的努力都反而阻碍了历史思维向其他学科的传播。他更愿意提出一系列的研究议题和理论要点，以此来展开一种超越专业限定的研究，而不是要让"历史社会学"本身也实现体制化，被框定在现代知识分科的架构之中。事实上，历史社会学的视角和方法，一直以来都被不同学科的学者们所征引，他们既是历史学家、政治学家和社会学家，也同时是历史社会学家，多重身份给予了他们更多学术生产空间和学术对话对象。另一代表人物西达·斯考切波（Theda Skocpol）也曾指出："将历史社会学与一种认识论、理论、方法论束缚在一起是错误的。"很多历史社会学家身上都"带有浓厚的折中主义倾向"②。历史社会学在20世纪中叶

---

① Charles Tilly, "Future History", *Theory and Society*, Vol.17, No.5, Sep., 1988, p.709.
② 〔美〕西达·斯考切波，《历史社会学的新兴议题与研究策略》，载〔美〕西达·斯考切波编：《历史社会学的视野与方法》，封积文等译，上海：上海人民出版社，2007年，第373页。

的出现本身就自带叛逆色彩，对现代学科分类做出了抵制和挑战。因此，本书重在对历史社会学的发展做出描述，勾勒其轮廓，但绝不会严丝合缝地将其打包装箱，放入封闭的匣子，使其失去同其他专业领域和相邻学科对话和比较的可能。历史社会学是多学科共享的智识资源，它是社会科学研究中的"公器"，并不为某一学科所私有。

"历史社会学"的视角曾经是一个时髦的口号，一种引人注目的标语，而如今已经渗透在了很多学者实证研究的实践之中，被广为接纳，甚至已不是那么"新鲜突兀"。早在1984年，美国历史社会学家中的少壮派西达·斯考切波就曾自信地指出："历史社会学已经从涓涓细流汇聚成滔滔江河，流遍社会学领域的各个角落。"[①]近三十年来，学界对采取这一路数的名家名著的讨论并不匮乏。[②]然而，"历史社会学"仍是一种需要细加勘测，尚有存量，值得发掘的"理论矿藏"。如果允许笔者以一

---

① Theda Skocpol eds, *Vision and Method in Historical Sociology*, New York: Cambridge University Press, 1984, p.356.

② 历史社会学的学术史综述类著述列举：Theda Skocpol eds, *Vision and Method in Historical Sociology*, New York: Cambridge University Press, 1984. 中译本见〔美〕西达·斯考切波编：《历史社会学的视野与方法》，封积文等译，上海：上海人民出版社，2007年。1979年，在美国麻省坎布里奇召开了的一次讨论历史社会学分析方法的会议，会后论文得以结集出版。该书首尾由西达·斯考切波作序并总结，中间是以人物和实证研究为内容的专题论文。Peter Burke, *History and Social Theory*, Cambridge: Polity Press, 1992. 中译本见〔英〕彼得·伯克：《历史学与社会理论》，姚朋、周玉鹏等译，刘北成校，上海：上海人民出版社，2001年。该书事实上是一位英国社会史研究者围绕一些社会史中的核心概念，讨论社会理论对历史学的影响的著作。Dennis Smith, *The Rise of Historical Sociology*, Cambridge: Polity Press Limited, 1991. 中译本见〔英〕丹尼斯·史密斯：《历史社会学的兴起》，周辉荣、井建斌等译，刘北成校，上海：上海人民出版社，2000年。这是一本典型的以人物和作品为中心的史学史著述，但对历史社会学在美国突现的具体背景有待深入探讨。Julia Adams, Elisabeth Clemens and Ann Shola Orloff eds, *Remaking Modernity: Politics, History and Sociology*, Durham: Duke University Press, 2004. 这是一本接续《历史社会学的视野与方法》一书的社会学理论讨论著述，是20世纪末到21世纪初，新一代历史社会学家们的一次集体亮相，展现了制度主义、理性选择理论、女性主义、殖民主义研究、帝国研究和种族建构等具有后现代色彩的诸多理论维度对其写作的影响。

种"事后诸葛亮"的便捷途径来加以回望，那么笔者会更愿意结合自身的阅读体验来呈现一种一家之言，并对既有的学术史回顾做一种个人化的评述。

关于"历史社会学"这一概念，早已有了多个不同版本的"定义"或说"标签"。在此，笔者列举几种常见、易得且最具影响力的定义，并在征引上注意不同国别的学者之间的差异。"历史社会学"首先来自英语世界，用作为形容词的historical来修饰一个名词sociology。而在法语和德语世界中，讨论内容与之重合的研究往往被分别赋予"社会历史学"（La Socio-Histoire）和"历史社会科学"（Historische Sozialwissenschaft）的叫法。本书并不对不同语言中的用词进行刻意的区分，而是仅讨论其彼此重合的那部分语意，讨论这一概念在一般意义上的使用，并以英文文献为主。

1991年，英国学者丹尼斯·史密斯（Dennis Smith）在《历史社会学的兴起》一书中指出：

简而言之，历史社会学是对过去进行研究，目的在于探寻社会是如何运作与变迁的。一些社会学家缺乏"历史意识"：在经验方面，他们忽视过去；在观念方面，他们既不考虑社会生活的时间维度，也不考虑社会结构的历史变迁。与之相似的是，一些历史学家缺乏"社会学意识"：在经验方面，他们忽视不同社会的进程与结构的不同；在观念方面，他们既不考虑这些进程与结构的普遍特性，也不考虑它们与行动和事件的关系。相反，一些历史学家和社会学家致力于历史社会学的发展，探寻过去与现在、事件与运行、行动与结构的相互渗透交融。他们力图把澄清概念、比较归纳及探索经验紧密地结合起来。①

　　史密斯的定义直指学科对话的必要性，强调基于历史学和社会学自身学科特性而做出的相互借鉴，指明双方的互补性。他的这种定义视角是最常见也最易被人接受的视角。也体现了"开放社会科学"②对旧有学科区隔的质疑，回应了20世纪后半叶以来的跨学科研究路径。

　　但在大西洋对岸，历史社会学在美国的兴盛则有更为具体的学理原因。在美国学者中间，历史社会学的创生在很大程度上源自对"帕森斯范式"的挑战。"帕森斯范式"在20世纪中叶如日中天，成为社会科学研究中的主导范式，历史社会学的崛起是非主流的社会学家针对当时主流社会学范式所做出的一种公开质疑和果敢突破。"历史社会学"可被视为社会学研究中的"历史转向"。③从这个意义上说，"历史社会学这一分支学科的出现植根于现代化理论的语境，它最初的目的就是要用历史分析的方法对宏观社会结构和社会变迁做出解释，并纠正经典现代化理论家所提出的静态、线性、进化的抽象解释模型"④。这一判断的依据主要来自西达·斯考切波，克雷格·卡洪（Craig Calhoun）和茱莉亚·亚当斯

　　① 〔英〕丹尼斯·史密斯：《历史社会学的兴起》，周辉荣、井建斌等译，刘北成校，上海：上海人民出版社，2000年，第4页。

　　② 参见〔美〕华勒斯坦等著：《开放社会科学：重建社会科学报告书》，刘锋译，北京：生活·读书·新知三联书店，1997年。

　　③ 参见Craig Calhoun, "The Rise and Domestication of Historical Sociology", in *The Historic Turn in the Human Sciences*, Terrence J. McDonald eds, AnnArbor: The University of Michigan Press, 1996, pp.305-328. 另见卢晖临：《社会学的历史转向》，《开放时代》2004年第1期。

　　④ 孙琇：《解读蒂利——查尔斯·蒂利的政治转型研究与美国历史社会学的发展》，济南：山东人民出版社，2015年，第223页。

（Julia Adams）等人的归纳。[1]西达·斯考切波主持编定的《历史社会学的视野与方法》一书出版于1984年，反映了1979年几十位最具代表的美国历史社会学家齐聚历史社会学的"重要阵地"哈佛大学所做出的集体讨论。在此书中，西达·斯考切波总结认为二战后真正的历史社会学研究具有四大特点：

> 首先，也是最基本的，他们明确地基于时空来思考社会结构和过程的问题；
>
> 其次，他们强调过程并在瞬时（temporal）的场景下解释结果；
>
> 第三，大多数历史分析着重意义的行动与结构背景的交互作用，以清晰地呈现在个人生活与社会转型中意图和非意图的结果；
>
> 最后，历史社会学突出了特殊类型的社会结构与变迁模式的独特性和多样性。[2]

也许她的这种总结乍看上让人摸不着头脑，但如果能够明白这些被总结出来的变化到底是针对什么而言的，即明白历史社会学所"射出的箭"指向何处，就会令人豁然开朗。事实上，帕森斯结构功能主义的宏

---

① 对应文献分别是：〔美〕西达·斯考切波著，《社会学的历史想象力》，载〔美〕西达·斯考切波编：《历史社会学的视野与方法》，封积文等译，上海：上海人民出版社，2007年。Craig Calhoun, "The Rise and Domestication of Historical Sociology", in *The Historic Turn in the Human Sciences*, Terrence J. McDonald eds, AnnArbor: The University of Michigan Press, 1996; Julia Adams, Elisabeth Clemens and Ann Shola Orloff, "Social Theory, Modernity, and the Three Waves of Historical Sociology", in *Remaking Modernity: Politics, History and Sociology*, Durham: Duke University Press, 2004.

② 〔美〕西达·斯考切波：《社会学的历史想象力》，载〔美〕西达·斯考切波编：《历史社会学的视野与方法》，封积文等译，上海：上海人民出版社，2007年，第2页。

大范式、自由经济学和经济决定论以及通过现代化理论所发展出来的看待社会结构和经济变迁的一套既有学术话语，所有这些正是《历史社会学的视野与方法》一书的靶子。斯考切波曾总结指出："查尔斯·蒂利最后二十年的历史社会学研究的一条基本主线，可以理解为是与涂尔干及其现代知识的继承者、结构功能主义者和'相对剥夺'理论者的对话。"①斯考切波准确地领会了蒂利的立场和意图，即蒂利致力于挑战帕森斯的范式，希望借助对话来修正后者。这一立场和意图是一大波美国历史社会学家们所共享的一种出发点。

　　历史社会家们所发起的这种对话重新让美国的社会学研究获得了分析历史的大好机会，把历史性（即关照时空维度，注重时间流变中的背景分析）的因素重新引入了研究过程，推动了社会学研究与历史事实之间更为亲密的对话。美国学者阿瑟·斯廷奇康比（Arthur Stinchcombe）曾做出过一个比喻，认为注重历史分析的社会学家在建立理论时"如同木匠的工作，在建造中不断地调整尺度，而不是像建筑家那样，先绘图然后再建造"②。正是历史学思维对时空转换的高度敏感，敦促他们展现出对研究对象身上所暴露出的偶然性和多样性的尊重，也允许他们在研究过程中灵活应变，而不恪守抽象的定规。他们更倾向于采取归纳法，而非演绎法，以史带论，而非以论代史。他们也一直致力于将宏大理论下降到中观层面，试图借助"机制分析"来更好地说明极具个性的特例。

---

① 〔美〕西达·斯考切波，《社会学的历史想象力》，载〔美〕西达·斯考切波编：《历史社会学的视野与方法》，封积文等译，上海：上海人民出版社，2007年，第17页。

② 原句出自：Arthur Stinchcombe, *Theoretical Methods in Social History*, New York: Academic Press, 1978, p.7.转引自〔美〕西达·斯考切波编：《历史社会学的视野与方法》，封积文等译，上海：上海人民出版社，2007年，第406页。

历史中的丰富和异质有机会获得了呈现。

2013年，美国学者理查德·拉赫曼（Richard Lachmann）在《历史社会学概论》一书的起头就开宗明义地指出：在社会学这一学科的形成之初，那些奠基者们就一致认定历史性是社会学必不可少的内在要素，因为社会学作为一门独立学科之所以出现，就是要回应历史变革所带给人们的冲击。社会学就是要为了解释历史巨变。拉赫曼写道："为了对历史变迁加以阐释，社会学应运而生。社会学的创立者们相信，他们正身处人类历史上前所未有的社会转型期之中，需要一门新的学科来描述和分析这一变革、解释其起源、探索其对人生的意义。……所有创始人——马克思（Marx）、韦伯（Weber）、涂尔干（Durkheim）以及知名度不及他们的同时代学者——都认为社会学这一新学科具备历史性。"[1]对历史背景的尊重本是社会学的题中应有之义，只是这一传统曾一度被人为遗忘。

2006年，法国学者热拉尔·努瓦利耶（Gerard Noiriel）在《社会历史学导论》（*Introduction A La Socio-Histoire*）中对法国学界的立场也做出了阐发，他指出："历史社会学（La Socio-Histoire）一词大约出现于15年前[2]，即20世纪90年代初。从那时起至今，这一词汇主要起到一个标签的作用，主要指介于历史学和社会学两个学科之间的研究。""历史社会学的特点是，它涵盖了这两个学科在19—20世纪之交所确立的根本原则。重

---

[1] 〔美〕理查德·拉赫曼：《历史社会学概论》，赵莉妍译，北京：商务印书馆，2017年，第3页。详见Richard Lachmann, *What Is Historical Sociology*, Cambridge, UK: Polity Press, 2013.

[2] 该书出版于2006年，倒推15年，即1991年。

申这些原则可以让我们更好地理解历史社会学家所使用的方法步骤。"①
努瓦利耶提出历史社会学不是一种只需应用便能给科学研究带来进步的
新"理论"，他更多的是一种"工具箱"，研究者可以从中汲取所需的研
究工具，借此得以解决具体的问题。为了向读者，特别是中国读者做出说
明，努瓦利耶特意把历史社会学与卡尔·马克思的历史唯物主义做了一个
简要的对比，以说明前者自身所具有的独特属性，并认为"历史社会学
可以与纸牌游戏作比。只要了解几个基本规则就可以开始游戏，多实践才
能使参与者的技术精进"。历史社会学的发展是以实证著述为支撑的，正
是因为其实证解释的说服力让历史社会学的理论趋向受到了更多学者的认
可和重视。他把历史社会学的基本规则归纳为以下四点：

　　第一个根本规则来自历史学。"即在当下重新找到过去，就是说找
到我们所生活的世界的历史性"②，"社会历史学家指明了存在于当下的过
去，同时也揭示了附在行动上的制约，这不是为了说明一切改变皆无可
能，而是为了使公民能够意识到他们身上所附载的遗产，不再对其视而
不见"③。在此，努瓦利耶事实上强调了人是嵌入在特定的历史场景之下
的，隐含表明"人的主观能动性"会与外部的"社会结构性因素"构成
一组张力，人是活在一种张力对抗下的存在。显然，这是以一种以"社
会建构论"来解释人类行动的立场。当然，这一立场也在社会学家的纯
理论讨论中不断被击碎和重塑。

---

① 〔法〕热拉尔·努瓦利耶：《社会历史学导论》，王鲲译，上海：上海人民出版社，
2009年，引言第1页。
② 〔法〕热拉尔·努瓦利耶：《社会历史学导论》，王鲲译，上海：上海人民出版社，
2009年，中文版自序第2页。
③ 〔法〕热拉尔·努瓦利耶：《社会历史学导论》，王鲲译，上海：上海人民出版社，
2009年，中文版自序第2—3页。

第二个根本规则来自社会学。"它使我们寻找集体性实体背后的真实个体。"与马克思的集体化的人物（即认为某个阶级是会斗争的"历史行动者"，历史个体依照其在经济地位上的属性而归属于一个阶级）不同，努瓦利耶认为"只有有血有肉的个体才是真实存在的"[1]。强调个体化的历史主体（不同于集体化的阶级）的主观体验。这种对特殊性和个体性的强调，无疑吸收了历史主义的思想。正如德国历史学巨擘列奥波德·冯·兰克（Leopold Von Ranke）所言：每一个人独立地与上帝建立联系。现代社会中的个体也如德国哲学家、数学家戈特弗里德·威廉·莱布尼茨（Gottfried Wilhelm Leibniz）"单子论"所描述的那种，完整而孤独地悬置在现代社会之中。每一个生命个体的私人经历都同社会构造的机理存在连接，具有特殊的意义。

第三个根本规则是对权力关系的重视。努瓦利耶在此所使用的"权力"一词的广义定义与米歇尔·福柯（Michel Foucault）的定义相吻合。"对于社会历史学家而言，所有社会关系都是权力关系。这里要做的并不是'控诉'权力，而是解释它的运行规律"[2]，即透过权力和权力的运用来观察社会关系的变动与调整，来解释社会结构的变动。权力争夺在时空转换中的演进构成了分析社会变迁的一种重要维度。

第四个根本规则是关于科学与政治的关系。社会历史学家认为"科学研究应当与政治保持距离"。虽然其实证研究的最终效果能够澄清社会问题，揭示人类苦难，具有社会诊断的意义和针砭时弊的价值，

---

① 〔法〕热拉尔·努瓦利耶：《社会历史学导论》，王鲲译，上海：上海人民出版社，2009年，中文版自序第3页。

② 〔法〕热拉尔·努瓦利耶：《社会历史学导论》，王鲲译，上海：上海人民出版社，2009年，中文版自序第3页。

但他们"拒绝越俎代庖，在政治上出谋划策"，成为政客的直接助手和政策鼓吹者。他们明确声明其目的只是"提供知识和工具，帮助公民做出自己的选择，以更加清醒的方式行动"①。其服务对象是全体公民，而非个别政治派系。历史社会学本身不具有政治立场上的明显倾向性②，它更多的是一种基于学理上的纠偏而做出的一种矫正，一类提醒，一组参考。当然，此处这第四个根本规则也许更加符合作为法国自由主义知识分子的努瓦利耶的个人理想，并不与美国的历史社会学家群体完全吻合。后文还会专门谈及其他学者的不同判断。也有学者认为：美国版本的历史社会学天生具有一种对现实的关注和入世辅政的热情。这与努瓦利耶的判断存在差异。下文会专门谈到美国版本的历史社会学天生具有一种对现实的关注和入世辅政的热情。

努瓦利耶的定义独具特色，在他身上可以看到法国知识界的"反传统""反范式"的自由主义风格，正是这种风格塑造了他的定义。他对"社会历史学"的解释在很大程度上体现了对马克思革命理论和法国史学中革命研究主题的反思，他指出："在历史唯物主义的昭示之下，社会历史学倾向于使用'长时段'的方法，转向对当下的理解，旨在揭示我们世界中存在的权力关系。然而，社会历史学家抛弃了马克思主义的哲学预设。他们拒绝了体现马克思主义之特点的思辨和规范方法，而是捍卫建立在事实研究基础上的经验研究方法。同时，社会历史学家不接受马克思主义的实证主义先见。他们不相信历史科学能够找到解释世界运行、

---

① 〔法〕热拉尔·努瓦利耶：《社会历史学导论》，王鲲译，上海：上海人民出版社，2009年，中文版自序第4页。

② 相反，第二次世界大战后在美国出现的"经典现代化理论"则是跟冷战背景下的西方（特别是美国）立场紧密绑定，具有明显的意识形态色彩和现实政治功用。

预见未来的法则。"①努瓦利耶特别指出了历史社会学家对寻找历史规律的一种拒斥心态，他们不愿意过度强调历史是有规律的，他们更愿意呈现历史中的偶然和特例。这一点与马克思的立场有所不同。

努瓦利耶还注意到了年鉴史学第一代领导人马克·布洛赫（Marc Bloch，又译作布洛克）的作用。在其学术史梳理中，努瓦利耶特意选取了马克·布洛赫、涂尔干、诺贝特·埃利亚斯（Norbert Elias）和皮埃尔·布迪厄（Pierre Bourdieu）作为专章讨论的对象，呈现这些法国学者对历史社会学的独特贡献，这种贡献是具有国际影响力的，对美国的历史社会学的发展同样意义重大。努瓦利耶的表述为我们了解美国历史社会学们的外国同行，提供了一种线索。

在德语世界中，有一个词叫"历史社会科学"（Historische Sozial-wissenschaft），这一个概念无法与"历史社会学"（Historical Sociology）这个英语学界的用语完全对接，但却可以作为一种国别参照来加以对观。德国学者对于这一概念的理解，特别是对这一流派及其史家、史著的认知多与英语世界中的认知相重合。

这一概念自20世纪70年代以来被汉斯－乌尔里希·韦勒（Hans-Ulrich Wehler）、鲁道夫·菲尔豪斯（Rudolf Vierhaus）和温弗里德·舒尔策（Winfried Schulze）反复使用。在德国学者斯特凡·约尔丹（Stefan Jordan）主编的《历史科学基本概念词典》中，这一词条由德国社会史研究的大家于尔根·科卡（Jurgen Kocka）教授撰写。他在词条开篇指出：

---

① 〔法〕热拉尔·努瓦利耶：《社会历史学导论》，王鲲译，上海：上海人民出版社，2009年，中文版自序第2页。

"历史社会科学"指的是历史科学与系统性的社会科学之间的交叠领域，同时它也指的是上述两类科学在不断研究历史中的一种特定的合作类型。"历史社会科学"最为明显地在社会史中得以实现，但是它并不仅限于此，而是牵涉到有关宪法、政治、经济、社会、宗教、科学以及其他实践性的历史。"历史社会科学"不是历史科学的附属学科，而是研究历史的一种特殊方法。①

在科卡教授看来，"历史社会科学"与其说是一种专门的学科门类，倒不如说是一种研究方法。并且这种20世纪70年代开始兴起的方法是继19世纪后、第二次世界大战后的两波跨学科研究潮流后的第三波，它将历史科学和社会科学连接了起来。科卡认为：在德国，其代表人物主要是历史学家②，其目的是"重视历史事实的结构、过程与相互关系，同时也不忽视体验与行动、不寻常之事与重大事件"。如果放在对历史主义的批判中来看，历史社会科学"不是从史料中推导研究，而是明确地借用来自系统化社会科学的概念、模式与理论，以推动问题意识与假设的发展，界定研究对象，进行分期、比较、说明与排列"。也就是说，历史社会学本身具有强烈的理论建构的色彩，似乎与传统的叙事史学形成一种断裂。科卡甚至援引沃尔夫冈·J.蒙森（Wolfgang J. Mommsen）于1971年的研究，认为历史社会科学因为用"分析讨论性的描述方式补充、取代了历史叙事"，而"实际上是与历史主义对立的历史科学"。最后

---

① 〔德〕斯特凡·约尔丹主编：《历史科学基本概念词典》，孟钟捷译，北京：北京大学出版社，2012年，第138页。

② 在美国，历史社会学先是在社会学内部被明确标识出来，然后才努力向历史学家推广。历史学家最初往往更喜欢用社会史家来称呼采取历史社会学立场的同侪。

一句很显然表达了德国学者所固有的一种"反理论的倾向",特别表达了对英法学界社会结构分析的强烈不满。准确说来,科卡试图用德国的历史主义传统来抗辩历史社会学研究(特别是美国的历史社会学研究)中曾经出现的过度结构主义的倾向。科卡的判断反映了德语学界对英法学界的一种不满情绪。所以说,科卡的这种描述并不能代表对历史社会学各国和各代际的整体评价。事实上,美国历史社会学内部的代际转换早已吸收了大量历史主义的因素,甚至在其最初的出发点上,就是要向历史主义传统表达深切的敬意。①科卡教授的归纳并不能对作为英语概念的历史社会学做出全面的评估,但却反倒为我们思考此概念的国别差异提供了一种机会。

从西方史学史的角度看,19世纪的德国是历史主义的故乡,19世纪的法国是实证主义的故乡,而19世纪的美国学术则直接来源于那些留学欧洲的海归学者,是他们带回来法德两国的学术传统。事实上,美国史学在奠基之初,同时受到了德国历史主义和法国实证主义的双重影响,美国学者甚至将两者混为一谈。一方面,美国史家推崇德国的学术传统,以历史主义的一代宗师兰克为师;另一方面,他们又特别关注"客观性问题",将其视为史学职业化的中心议题。美国史家一度试图借助实证主义的科学化倾向来赋予历史学同自然科学一样的严谨性。他们活在一种矛盾中,所以彼得·诺维克称之为他们在追求某种"做不到的事情"。"历史客观性的神话所发挥的作用是确保和增强学术公正

---

① 笔者曾对美国历史社会学巨擘查尔斯·蒂利的历史主义思想做出过尝试性的分析,并从美国史学史的流变上讨论过这一德国传统在20世纪中后期对美国社会学界的影响。参见孙琇:《解读蒂利——查尔斯·蒂利的政治转型研究与美国历史社会学的发展》,济南:山东人民出版社,2015年,第231—239页。

的规范；保证学术'仪式'的有效性"，但探索者不受价值支配，这本身却是一种"神话"，具有魔术般的能力，它让职业历史学家获得了一种自信，他们普遍相信"这门新学科所提供的知识比以前更为优越"，"19世纪的职业历史学家相信，他们手中的玩意儿比绅士业余历史学家们写的'党派'著作或'有偏见的'著作更优越"①。也就是说，美国史家曾简单粗暴地将史学专业化等同于史学研究的价值无涉，而这种对标自然科学，将历史学同自然科学等量齐观的倾向更多的是呼应了法国的实证主义路数，而偏离了德国的历史主义传统。历史学及其研究对象的独特性被轻视了。而这种被轻视的学科特性，在后来的社会学家那里又被重新予以借鉴，出现了社会学内部的"历史转向"。在美国，历史社会学的提法，首先来自社会学家群体，原因就在于他们先天的"营养不均衡"。

作为一种研究转向和写作趋势的历史社会学，在20世纪后半叶经历了漫长的过程才具备了相对严整的概念内涵。从一开始，这一术语就有强烈的国别差异。上文陈列出来的几种表述甚至有相互抵牾之处。从20世纪中叶美国社会学家的视角看，这一社会学中的"历史转向"，正是要重拾"历史性"，关注时空变化和历史上的特殊性和差异性。这本身具有历史主义的意味。而从20世纪70年代后的德国社会史家的视角看，相邻学科的这种"班门弄斧"又显得有些肤浅而不得要领，表现出了对"历史主义"之正宗德国传统的片面化理解。历史主义首先是德国知识界的产儿，是德国人的骄傲，德国学者似乎一直都认为英语世界对这一概

---

① 参见〔美〕彼得·诺维克：《那高尚的梦想："客观性问题"与美国历史学界》，杨豫译，北京：生活·读书·新知三联书店，2009年，第5页。

念的解读存在偏差。① 显然，在此处，科卡是站在历史学家的立场上，试图捍卫传统叙事性写作，并特别强调史料先行，而对那些美国人的社会学理论表达了警觉，甚至是排斥。事实上，美国史学在内战结束之后，特别是在19世纪中后期，同时吸收了法国实证主义和德国历史主义的思想元素并对其进行了改编，这种改编已经背离了原初产地的学术风格，形成了美版学术的特色。不得不承认，不同国别和语种下的学术概念有时会存在相当多的隔阂。

为避免这种学术概念在不同语种和不同国别的讨论语境下的"不可公约性"，本书所讨论的"历史社会学"试图聚焦于英语世界。在此，需对其做出一种更为严格的界定，以准确说明本书的讨论范围。本书所讨论的"历史社会学"首先出现在美国学界，是美国社会学内部的一种"历史转向"，进而激发了历史学家的被动回应，与历史学内的新社会史研究交相呼应，暗通款曲，最终珠联璧合。

笔者认为，在美国，这股潮流最初的动力来自对帕森斯结构功能论的抵抗和批判。这一潮流在查尔斯·蒂利早年的求学、求职生涯中有明

---

① 正如欧洲学者认为美国人所理解的韦伯是经过塔尔科特·帕森斯的翻译和过滤而被"帕森斯化"了的韦伯，与之对应，德裔美国学者格奥尔格·伊格尔斯也曾写过一篇文章《美国与德国历史思想中的兰克》，来讨论美国人对德国史学巨擘兰克的误解。伊格尔斯曾说："兰克起了两种完全相反的作用：在美国，他只是部分地被人理解，却被当作一种本质上是实证主义路线的思想始祖；在德国，他却被当作新唯心主义历史学家的一种灵感的源泉，新唯心主义历史学家是反对西欧历史学家所提倡的理性主义和实证主义的历史研究的。"也就是说，兰克的美国门徒试图借兰克来为实证主义（起源于法国的思潮）背书，而兰克作为德国历史主义和浪漫主义的继承者，恰恰是有一种反启蒙理性和反实证主义特性的，美国版本的兰克形象只是美国人对兰克的曲解和误读。参见〔美〕格奥尔格·伊格尔斯：《二十世纪的历史学：从科学的客观性到后现代的挑战》，何兆武译，济南：山东大学出版社，2006年，第154—181页。

显的表露。①国内政治学研究中专攻历史社会学的郭台辉教授在2011年赴美访学期间，曾遍访美国的历史社会学名家，在谈及这一分支学科的兴起时，他也指出：

> 美国的历史社会学在60年代兴起，完全得益于一批被边缘化、具有激进倾向的社会学家，如艾森斯塔德、本迪克斯、李普塞特、汤普森、巴林顿·摩尔、沃勒斯坦、查尔斯·蒂利等。他们转向历史，专注于革命、社会冲突与变迁、工业化、阶级形成、国家形成、民主化、资本主义起源与变迁、官僚制等，开创了宏观—比较—历史分析的新潮流。历史社会学成为一场知识运动，是作为批判主流社会学的武器，共同抵制帕森斯主导的系统论与结构功能论社会学。②

20世纪中叶，塔尔科特·帕森斯奠定了社会学在美国社会科学中的核心地位，他也成为具有学阀色彩的学术领导者。特别是在哈佛大学，他虽然牢牢控制着以跨学科之社会科学研究为目的的"社会关系"系（Department of Social Relations），但反叛的力量正是由此而生。特别是巴林顿·摩尔（Barrington Moore）同他存在学术上的分歧。受摩尔影响，有一个小规模的学者群，他们坚守"历史化的视角"，有力冲击了帕森斯的"非历史的图式"。他们凭借宏观历史比较的研究方法，试图重构历史的真实情境，并加入时间的维度，观察变迁在时间洪流中的展开过

---

① 参见孙琇：《解读蒂利——查尔斯·蒂利的政治转型研究与美国历史社会学的发展》，济南：山东人民出版社，2015年，第3—6页。

② 郭台辉编著：《历史社会学的技艺：名家访谈录》，天津：天津人民出版社，2018年，第8页。

程，并赋予了这一过程更为丰富的"中观"①解释和"机制"分析。由此有力证明了帕森斯主义者对"规律"和"模型"的盲目乐观和错误自信，暴露了其研究中所不容回避的"非历史"（ahistorical）的缺陷——即空洞理论与真实历史的严重脱节。

对帕森斯个人学术思想的研究也表明：美国社会学界曾普遍接受的帕森斯笔下的马克斯·韦伯是经过帕森斯个人"过滤"和"摘选"过的韦伯，而非是一种真实、全面的欧洲形象中的韦伯。德国学者乌塔·格哈特（Uta Gerhardt）在《帕森斯学术思想评传》之《序言》中的第一句话就是："塔尔科特·帕森斯或许是20世纪社会学史上真正具有悲剧色彩的人物之一。"他继续解释指出，"尽管他（指帕森斯）是从做博士论文开始就领略到马克斯·韦伯的思想天才，此后更毕生自视韦伯主义者，但后辈同行们却认为他对韦伯（还有涂尔干）做了错误的解读，使人误入歧途。"②言下之意是说：帕森斯把美国人带偏了，帕氏并没能正确地翻译欧陆传统的真意，他误导了美国学者，进而塑造了一种不同于欧洲的美国学术风貌。20世纪后半叶，美国历史社会学家们在追溯自身的思想起源时，也附和了这一判断，他们提出要对真实的、丰富的韦伯做出"去帕森斯化"的解读，并将自身的学术渊源上溯到社会学这一学科在欧洲建立之初，第一代经典社会学家的学术志趣上，他们喊出"还原真正的韦伯"的口号。这也解释了为何英国学者丹尼斯·史密斯（Dennis Smith）在《历史社会学的兴起》一书中把第一章的标题设定为"凤凰的涅槃"，并从"战后历史社会学的再生"谈起。史密斯认为：历史社会

---

① 介于碎片化的微观和一般化的宏观之间。

② 〔德〕乌塔·格哈特：《帕森斯学术思想评传》，李康译，北京：北京大学出版社，2009年，序言第1页。

学的第一次浪潮开始于18世纪中期，并在英国和法国表现得特别明显。第一次浪潮，从孟德斯鸠、休谟、托克维尔、马克思到涂尔干和韦伯，"持续了很长时间，最终在20世纪20年代晚期撞在右翼和左翼集权主义的墙上而一蹶不振"，且"在整个20世纪40年代和50年代早期一直疲弱不振。然而，在此之后，它就像从灰烬中飞出的凤凰一样，得到了再生。到了70年代和80年代，它已在高空展翅翱翔"①。

可以说"历史社会学"特别代表了一种欧陆传统在美国的重新发现，它最早是一批非主流的美国社会学家抗辩美式社会学，重新回顾社会学学科源头的一种实际后果。是一种对现代化理论做出反思和质疑的副产品。也就因此在茱莉亚·亚当斯和西达·思考切波的书中都提到了"再定向"（re-orientation）这个词，并注意到：对现代性问题的解读是历史社会学最为核心的讨论议题。重新回望欧洲，重新与欧陆学者对话，这种跨大西洋的知识交流的重建正是历史社会学在美国兴起的一个重要背景。

20世纪80年代，在历史社会学家对自身的研究进行学术史定位的专题讨论合集《历史社会学的视野与方法》一书中，西达·斯考切波对业内名家进行了筛选和排座。她把法国学者、年鉴派的早期人物马克·布洛赫和生于奥地利维也纳的英籍匈牙利裔犹太经济史家卡尔·波兰尼（Karl Polanyi）②放在了该人物列传的首位，她也把对

① 〔英〕丹尼斯·史密斯：《历史社会学的兴起》，周辉荣等译，刘北成校，上海：上海人民出版社，2000年，第1页。

② 卡尔·波兰尼，他一生横跨五国，用三种语言写作。1944年出版的 *The Great Transformation: The Political and Economic Origins of Our Times* 一书，成为打通学科的整体社会科学的名著。中译本参见〔英〕卡尔·波兰尼：《大转型：我们时代的政治经济起源》，冯钢、刘阳译，杭州：浙江人民出版社，2007年；〔英〕卡尔·波兰尼：《巨变：当代政治与经济的起源》，黄树民译，北京：社会科学文献出版社，2017年（此为台湾繁体中文译版的再版）。

历史社会学的讨论起点放在了经典社会学大家卡尔·马克思、阿列克谢·德·托克维尔、涂尔干和马克斯·韦伯那里。这也就涉及美国的历史社会学家对自身学术代际更迭的一种梳理与溯源。代际划分往往能说明美国学者自身的某些独特立场，这些立场也同样体现了他们与欧洲学者的不同。

二、美国历史社会学的分期和代表人物

美国的历史社会学自20世纪中叶初现端倪，到20世纪70年代以后逐渐体制化，成为一个相对明确的分支学科，再到20世纪末和21世纪初被系统讨论和全面梳理。学者们业已达成了一定的共识，并对历史社会学做出了一定的评述。如前所述，本书聚焦于20世纪后半叶，专论美国学界的历史社会学研究，对他国历史社会学的讨论只是作为一种外部的比较和文本的对读，以期揭示历史社会学在美国本土的演进，并试图阐明它与大西洋对岸"欧洲版本"的差异。既然以美国学界为研究中心，那么如下的分期也同样侧重美国的情况，而并不试图展现欧洲各国学界的全貌。

关于这一时期的历史社会学的演进，学者们的分期方法并不一致。在此，列举几种最具代表性的分期，以供比较，并分别对其作出评述。

英国学者丹尼斯·史密斯所著《历史社会学的兴起》一书于1991年以英文版面世，2000年被译为中文。因其内容明晰，译文流畅，成为国内学界最早了解历史社会学学术脉络的流行性读物。作者史密斯也在序言中提出该书的写作目的在于要扩大历史社会学的读者。并在第一章中提出了本书的写作目的，希望"历史社会学能够成为促进民主的公民权的积极推动力量"，"给公民文化打上自己的印

记"①。作者具有强烈的现实关怀，他把历史社会学不仅当作一种学术圈内部的理论推进，更将其视为一场反映现实社会需要的思想运动。他的笔触平实、通俗，将闹市中的社会背景和象牙塔里的学理演变结合起来。也就因此，他对历史社会学的代际划分是依据研究议题而做出的。他的几阶段划分是针对欧洲和美国两大区域的历史社会学研究而做出的整体性划分，但同样也能在一定程度上有效说明美国历史社会学的宏观面貌（见表1）。

表1　丹尼斯·史密斯划分的二战后历史社会学的三个阶段

凤凰涅槃的过程	时段	现实政治条件和社会背景	代表人物
从灰烬中复出	20世纪40年代中期到60年代中期	西方资本主义与社会主义国家间的对抗促成了历史社会学的冷战背景	帕森斯、斯梅尔塞，艾森斯塔特、李普塞特，马歇尔、本迪克斯（又译作"本尼迪克斯"）
起飞	20世纪60年代中期到80年代	深受学生运动、少数族裔平权运动、妇女运动和反越战运动等社会集体行动的影响，"历史社会学"成为社会运动在知识领域中的一种要求	布洛赫、埃利亚斯，巴林顿·摩尔、E.P.汤普森，西达·斯考切波，查尔斯·蒂利
高空翱翔	20世纪80年代末以来	两极格局崩溃以后	佩里·安德森、沃勒斯坦，布罗代尔、迈克尔·曼，朗西曼、吉登斯

---

① 〔英〕丹尼斯·史密斯：《历史社会学的兴起》，周辉荣等译，刘北成校，上海：上海人民出版社，2000年，第1页。

　　显然，史密斯的划分是相当明了和易懂的，而且为普通读者呈现了一份清晰的名录和书单，构成了史学史写作中的人物列传和史著提要。他把历史社会学的演进看作外部社会进程的一种直接反馈，其代际划分往往根据历史社会学作品的研究对象和问题意识的转换而做出。在此仅讨论涉及美国历史社会学家的部分。

　　显然在第一阶段中史密斯聚焦于美国的现代化理论家。在冷战背景之下，充满爱国心的社会学家们不免受到意识形态的影响，关注社会变迁模型，带着一种使命感试图论证西方自由民主制度的优越。在这一部分，史密斯并没有捉住现代化理论自身的理论缺陷，也没有深入讨论历史社会学是如何对帕森斯给予致命一击的。

　　第二阶段，史密斯把巴林顿·摩尔和其弟子斯考切波，以及受其影响的蒂利放在一代人中，因为他们都无法和帕森斯派合流，表现出了一种关切历史、注重比较的强烈愿望。史密斯对这一阶段曾妄下结论：认为"在这第二阶段，历史社会学家想起了社会的'行动者'是有血有肉的人"①，然而这一判断值得商榷。显然这句话是针对第一代而言，但仔细观察，这一论断的有效性在摩尔、蒂利和斯考切波三人身上逐一递减。笔者认为这三人，特别是后两者，身上所具有的结构主义色彩，并不足以让他们与第一代界限分明，他们只是在结构和能动性中给予后者以必要的空间，但在历史分析的实际效果上看，三人被主流历史学家所接受的程度也逐次递减，他们更多被首先看作社会学家或政治学家。特别是在蒂利和斯考切波那里，社会的行动者往往是抽象的、以团体的面貌出

---

　　① 〔英〕丹尼斯·史密斯：《历史社会学的兴起》，周辉荣等译，刘北成校，上海：上海人民出版社，2000年，第55页。

现，甚至可以等同于某个社会阶级。

第三阶段，从史密斯对代表人物的选取上也能看出，他想呼应两极格局终结后"全球化"的现实背景，但却忘记了他所选取的这些人在"高空翱翔"的过程中事实上又调整了历史分析的比例尺，其各自的研究对象都有一种宏观上的视野，却失去了"历史化"分析所更加强调的中观和微观维度。换言之，笔者认为美国历史社会学在经验研究之选题上的总体发展趋势是研究对象的缩小化，而非宏观化。而这背后所潜藏的学理上的内在机制是很难跟表象化的外在社会变迁所逐一呼应的。史密斯的划分不免粗糙。

史学家史密斯这本并不能代表最新学术成果的旧作，呈现了一种简单而清晰的思路，是一本史学史的入门之作。然而，在致力于理论探讨的社会学家的眼中，他们的阶段划分，更多考虑到了思想史的演进脉络和社会学理论范式的变迁。

2004年，三位美国女性学者茱莉亚·亚当斯（Julia Adams）、伊丽莎白·克莱门斯（Elisabeth Clemens）和安娜·舒拉·奥勒夫（Ann Shola Orloff）合写了一篇综述《社会理论，现代性和历史社会学的三波》（*Social Theory, Modernity, and the Three Waves of Historical Sociology*），试图将历史社会学发展中的几次浪潮做一归纳。亚当斯等人认为：在社会学制度化时期，欧陆的古典社会学中早就存在历史研究的取向。"就其自身的历史来看，社会学理论早已深切关注了历史思考。在社会学家阐明（社会学）学科的诸多中心问题之时，他们也都着意于历史，将理论解释同历史紧密连接在一起。"然而，在20世纪初，随着社会学在美国崭露头角并实现了学科制度化，这种关照历史的理论视角日渐让位于一组反历史的（ahistorical）、解释社会和文化变迁的模型。战后历史社会学的第一波所要解决的中心问题仍是"他们的世界（通常是欧洲）何以变得现代"。这第一波学者聚焦于现代社会，往往将"现代"与"传统"之间的区分僵硬化，绝对化。希望借助一些高度概括性的、抽象化的特征、进程和序列来解释在时间流变中发生的变化。把"现代"等同于一本充斥着静态概念的花名册。①

第二波基本上对应丹尼斯·史密斯对二战后历史社会学的三阶段划分中的后两个阶段。第二波大约始自于20世纪五六十年代的一些美国学者（如巴林顿·摩尔、莱因哈德·本迪克斯、西摩尔·马丁·李普塞特以及查尔斯·蒂利的早期作品）与美国以外的，特别是欧陆学者的对话，并在20世纪七八十年代达到盛期。在研究议题上，这一波学者受到了马克思主义政治经济学的启发，也受到了法国年鉴学派史家的影响，他们分享着一些共识，将以政治经济学为中心的阶级形成、工业化、革命以及以功利主义模型来解释（历史）行动者等问题作为他们一致的研究对象；将社会结构决定论和社会行动的功利主义解释模型相结合。但第二波最大的问题就是"过度结构主义"（hyper-structuralism），缺乏对文化维度的观察。赵鼎新对查尔斯·蒂利的批评也主要集中于此。②他们这种

---

① Julia Adams, Elisabeth Clemens, Ann Shola Orloff, "Social Theory, Modernity, and the Three Waves of Historical Sociology", in *Remaking Modernity: Politics, History and Sociology*, Julia Adams eds, Durham: Duke University Press, 2004, pp.3-4.

② 赵鼎新曾批评蒂利："不能把宏观的社会结构因素与微观的社会情感加以很好地结合。……完全忽略了韦伯式分析方法的一个核心，即注重意识形态、价值观和宗教等文化层面的因素在社会发展中的关键作用。"参见赵鼎新：《评蒂利的〈强制、资本和欧洲国家〉》，社会学视野网站，见http://www.sociologyol.org/shehuibankuai/shuping/2011-06-02/12803.html，下载时间2011年12月。赵鼎新在他自己的理论构建中特别添加了对"话语和符号性行为"的分析，提出"变迁""结构"和"话语"的三因素解释。参见赵鼎新：《社会与政治运动讲义》，北京：社会科学文献出版社，2006年。

大规模的跨学科研究将历史学研究的诸多方法大举应用于社会学核心议题，这不仅仅是一种学术行为，也是一场社会运动。[①]

第三波，专指1991年后的制度主义、女性主义、后殖民理论和文化转向这些最新的学术动态。第三波建立在对第二波的批判基础之上，对第二波有明确的修订之意。第三波至少在四点上对第二波做了修正：首先，第三波试图用行动者的能动性来对抗第二波的结构主义决定论。第二，第二波中受到压抑的社会生活的多面维度以及现代性中的他者开始受到了重视。第三，对权力的分析扩展到了一些毛细血管般的精微进程中去，也就说分析的视野更为聚焦和细致。第四，除了聚焦于政治经济的结构，第三波重新把宗教、情感、暴力、惯习以及社会生活中的非理性要素带回到分析的视野中来。他们致力于解释社会结构的丰富多样、目的论和决定论所无法预估的意外后果，以及人行为能动性上的复杂运作机制。如果说第二波在题材选取上有种碎片化的嫌疑，将社会互动和复杂联系切割开来，那么第三波则有意去填补那些空白地带，试图分析局部的社会网络和精微互动。[②]新一代学者做出了很多新的尝试。例如，罗杰·古尔德（Roger Could）在1995年的著述中，不再单单从社会结构的外部视角来说明某个特定的阶级行动者何以如此，而是转向细致揭示这些阶级行动者的被动员过程。要理解他们如何被调动起来，采取行动，这就需要深入到了行动者内心的文化建构中去，特别重视特殊历史情

① Julia Adams, Elisabeth Clemens, Ann Shola Orloff, "Social Theory, Modernity, and the Three Waves of Historical Sociology", in *Remaking Modernity: Politics, History and Sociology*, Julia Adams eds, Durham: Duke University Press, 2004, pp.6-10, 22-23.

② Julia Adams, Elisabeth Clemens, Ann Shola Orloff , "Social Theory, Modernity, and the Three Waves of Historical Sociology", in *Remaking Modernity: Politics, History and Sociology*, Julia Adams eds, Durham: Duke University Press, 2004, p.64.

境所成就的社会行动主体的塑造过程。小威廉·休厄尔（William H. Sewell, Jr.）在确定国家形成过程中的共同机制和变异的关键向度时，更是深入到复杂的叙事中去，凸显各种网络、资源和文化建构的过程性关系。承袭米歇尔·福柯"话语理论"的历史社会学家菲利普·戈尔斯基（Philip S. Gorski）也舍中心脉络而取毛细血管，追溯各种主体概念形成的制度化谱系。先前，政治活动被视为基于现实利益而做出的理性竞争和对抗，公民身份的认同和国民情感的激励这类文化范畴并不被重视。而现在，学者们将政治活动视为情感欲望和概念范畴的动员结果，而不单单是物质利益的直接动员。由此，"政治话语分析"获得了独立加以讨论的价值。总体说来，第三波开始关注社会网络和制度机遇，试图用文化研究和话语分析来补充第二波结构主义者的理性选择论解释。"理性人假设"不再是研究的前提，对人性复杂多变和非理性表现的承认开始进入研究的视野。

查尔斯·蒂利（按茱莉亚·亚当斯等人的划分，可以被归为第二波）在一篇名为《社会学史和社会学中的历史研究》一文中回应了亚当斯等人的这种阶段划分，认为这种划分反映了思考"历史学和社会学关系"的三种不同方式，他将其分别命名为"时代的综合"（epochal synthesis），"批判性的比较"（critical comparison），"回溯式的民族志"（retrospective ethnography），并认为后两种思考方式的竞争表征了第二波和第三波的紧张关系，第三波有一种向人类学转向而对社会结构决定论加以弃用的打算。[①]事实上，亚当斯、克莱门斯和奥勒夫本身也承认"在多样化的智识活动的图景中，社会学理论家们总是在一个根本上具有史学研究意义的计划上聚集起来"，"社会学理论早已被某些显著的变化所标识出来，

---

① Charles Tilly, "History of and in Sociology", *American Sociology*, 2007, 38, p.327.

这种标识正源于它已在多大程度上致力于研究历史（how it has attended to history）"①。如何认识历史的本质，如何在社会学的理论建构和研究实践中更敬畏历史、更贴切地解释历史，这是历史社会学所必然面对的问题意识，也直接反映了这一分支学科的精髓所在。

　　查尔斯·蒂利生前的关门弟子李钧鹏在译著《为什么？》一书的序言中，围绕"结构"和"能动性"这对核心概念展开讨论，对蒂利一生的学术活动做出了一个总结性的归纳，并按照其著述和时代的演进而分为了五个阶段，分别是："1960年代：结构还原论"，"1970年代：政治过程论"，"1980年代：抗争剧目论"，"1990年代：关系实在论"和"21世纪：社会机制论"。②事实上，这一归纳同样也反映了历史社会学的研究转向和代际更替。政治学学者郭台辉在其编著的《历史社会学的技艺：名家访谈录》的导言中总结指出，"美国的历史社会学经过几十年的发展，大致存在三个阶段的明显变化，即20世纪六七十年代普遍作为批判的武器（本质论），八九十年代作为子学科的领域（特殊论），千禧年之后，以比较历史分析、叙事分析、过程分析、时间序列分析等作为研究方法的形式（工具论）"，"这三个阶段也有大致相对应的主流分析范式，即结构主义、文化主义、网络主义；在分析层次上也大致呈现出宏观、中观到微观的变化"③。

---

　　①　Julia Adams, Elisabeth Clemens, Ann Shola Orloff, "Social Theory, Modernity, and the Three Waves of Historical Sociology", in *Remaking Modernity: Politics, History and Sociology*, Julia Adams eds, Durham: Duke University Press, 2004, p.4.

　　②　〔美〕查尔斯·蒂利：《为什么？》，李钧鹏译，北京：北京时代华文书局，2016年，第2版，《〈为什么？〉的理由（代译序）》。

　　③　郭台辉编著：《历史社会学的技艺：名家访谈录》，天津：天津人民出版社，2018年，第9—10页。

亚当斯等人和李钧鹏的讨论更多基于社会学家的立场,对社会学内部的学理争议做了非常细腻的探讨,具有厚重的理论品质。郭台辉教授的总结基于对当代历史社会学家的口述访谈,问到了很多敏锐的问题,试图呈现研究实践中的切实感触。

三、本书的整体思路和篇章结构

笔者认为:对历史社会学自身学术史的剖析应当采取一种嵌套的结构。最外壳的一层讨论涉及社会背景对学术潮流的影响,对应本书第一章"主街"的内容;次外层的讨论涉及学术机构的建立、学术圈内部的师承关系以及学者个人经历的感知如何改变了既有的理论视野,对应本书第二章"象牙塔"的内容;再向里一层,脱开学者的个人恩怨和学理分析,思考美国社会科学内部学科专业化所带来的对学科本位和学科壁垒的固守,以及历史社会学对打破学科界限所做出的种种努力。这三个层面必将在抽象程度上、同时也在乏味程度上逐级递增。简言之,本书第一到第三章所对应的三个层次试图分别在现实政治、学理变迁和学科界限的角度观察美国的历史社会学。这构成了本书的"上编",在史学史和史学理论的层面对美国的历史社会学做解读。

前三章力图说明三个问题:第一,两极格局对现代化理论研究的刺激直接激发了学界内部的反叛,而这种反叛又与美国20世纪60年代的社会运动形成呼应;第二,在学术生产的过程中,大学内部的人际关系和学者间的纠偏和质疑推动了美国历史社会学的前行步伐;第三,历史社会学所带来的冲击力让学者重新反思美国社会科学高度专业化的问题,并在消解学科壁垒的角度上反观社会学和历史学之间的对话。这三个层次共同反映了知识再生产的一些内在逻辑,事实上是对美国历史社会学做一种知识社会学的考察。

在分析了知识的生成过程之后，还需回到美国历史社会学的经验研究中去，看看作为其外在表达的学术著述到底是如何改变了读者的既有认知，如何有效地解释了历史现象。由此，在铺陈完理论和史学史之后，本书的后半本终将回归讲故事、举实例的模式，以防没有耐心的读者认定本书空洞而说教。第四、第五章采取一种文本对读的方式，力图考察美国历史社会学在实际经验研究中的成效。这种考察又分别采取了两种不同类型的比较。第一种是对20世纪后半叶美国历史社会学家中最著名的三位代表人物的著述对读，对应本书的第四章。三位美国历史社会学家巴林顿·摩尔、查尔斯·蒂利和西达·斯考切波具有内在的师承关系，他们的著述都反映了美国历史社会学对"大结构"和"大进程"的整体考量，采取了宏观历史比较的方法，最能反映历史社会学之美国版本在20世纪后半叶的经典表述。但三人同时具有不同程度的结构主义色彩，在应对文化研究的冲击时，回应不一。另一种是将美国的历史社会学家与欧洲学者对观，对应本书第五章。笔者选取"粮食骚乱"这一共同议题，对查尔斯·蒂利和E.P.汤普森的处理方式做出细致剖析，试图说明在"历史与理论""规律性与偶然性"和"结构与能动性"等问题上两人存在共识与分歧，由此也可看出美国历史社会学所独有的理论困境：美国的社会科学有对标自然科学的最初意图，而非以历史科学为根基建立。由此，美国历史社会学的学科定位决定了它在边缘地位挑战主流时具有批判性，而在面对"文化转向"时，事实上又不能完全脱去结构主义的思维惯性。

最后的结语部分是对全书的一种整体总结并与读者分享笔者未尽的思考。

整体说来，本书依循了如下的一种思路：透过学术界外的社会现实和历史背景来理解学术圈内的研究转向，透过学者之间的互动与争鸣来思考其各自作品的风格与特色。换言之，学术的演进，呼应外部社会现实的需要，学者的写作总是有特定的靶子，起于论争的需要。笔者的一个基本认识是："象牙塔"中的每一次学术争辩，都与大学围墙外"主街"上的现实动因有潜在的关联。精微化、专业性的史学史梳理，应当涉及多重观察层面。也就是说20世纪中叶，美国国内政治上的阶层冲突，个人主义的自我表达，社会团体的利益博弈，以及高等教育普及化所带来的师生来源的变化，进一步激发了学术研究的现实情怀和多元主义趋向，这为打破旧有学科建制的封闭性，调整研究选题的范围，并进而塑造学者自身的思维习惯和理论预设都奠定了基调。学术师承关系和门派的划定，以及以实证研究著作为中心所展开的数次争论和质疑，最终撬动了对学术范式的修订。这一分析过程，首先是"真切观察过闹市"，然后才"躲进小楼成一统"。书斋中类似毛细血管中的微弱搏动，都可追根溯源到现世大脉络中的有力律动。史学史的写作不仅是讨论某一学术流派或某一学者群，更是要解释一段真切的历史背景。由此，本书要从"象牙塔"外的"主街"说起。

第一章

主街：美国历史社会学在战后兴起的社会背景

在英语世界的学术语境中，"主街"（main street）这个词汇常常被拿来与"象牙塔"（ivory tower）相对立，专指大学围墙之外，生动鲜活、瞬息万变的社会生活。这个词汇被赋予了一种特殊的使命，即提醒那些皓首穷经的学者们能够举目四观，回应现实。人们将"主街"与"象牙塔"这组意象并陈，目的在于强调：学术研究应当具有人文关怀和济世价值。美国的历史社会学之所以会在20世纪后半叶兴起，同样反映了"主街"与"象牙塔"之间的互动。下文将试图呈现社会背景如何引导了学术研究的新动向。

一、冷战格局与"现代化理论"

20世纪30—40年代，法国年鉴学派的第一代先师马克·布洛赫曾指出："脱离特定的历史环境，就难以理解任何历史现象。'正如古老的阿拉伯谚语所言，"与其说人如其父，不如说人酷似其时代"，无视这东方的智慧，历史研究就会失真'。"[1]1991年，英国史家丹尼斯·史密斯在书

---

[1] 〔法〕马克·布洛赫：《历史学家的技艺》，张和声、程郁译，上海：上海社会科学院出版社，1992年，第11页。该书被视为法国年鉴学派第一代的宣言书，身为犹太人的布洛赫在1944年被关进德军的集中营，死于法西斯的迫害。1949年他的遗稿由费弗尔整理出版，故此处用"20世纪30—40年代"这个模糊的时间段。布洛赫提出：历史学是"研究时间中的人"，因而他的很多观点被历史社会学所吸收。美国的历史社会学家也普遍承认法国年鉴派是其理论来源之一。英国史家彼得·伯克也曾说：在英语世界，随着"社会学危机"感的广为蔓延，"这一学科的研究人员才重新发现了历史，并在此过程中发现了年鉴派"。参见〔英〕彼得·伯克：《法国史学革命：年鉴学派，1929—1989》，刘永华译，北京：北京大学出版社，2006年，第五章全球视野下的年鉴派，第96—99页。

写马克·布洛赫（又译布洛克）的时候，向我们呈现了他与艾利亚斯都曾经历的一战岁月。[①]可以说战争及其后果塑造了历史社会学家的思想与事业。的确，历史社会学作为一门新生的学术分支，有它诞生的起点和发展的过程，这一学术流派在时间中展开，需要在史学史的长时段中对其加以定位，寻其前因与后果，进而理解其所嵌入其中的那个大时代。

20世纪伊始，美国学术界已经经历了实用主义哲学的洗礼。聚焦到美国史学界，回顾一下新大陆的史学史，人们就会发现：由弗雷德里克·杰克逊·特纳（Frederick Jackson Turner）所开创，詹姆斯·哈维·鲁滨逊（James Harvey Robinson）所鼓吹，查尔斯·奥斯丁·比尔德（Charles Austin Beard）所大力推动的"美国新史学运动"事实上是与美国社会同一时期的进步运动和社会改革相呼应而展开的。关心社会问题，纠正社会弊端，培养合规的公民，协调劳资间的关系：这都曾是一代史家为之努力的方向。这场世纪之交的史学运动，给西部史（特别就特纳而言）、社会史（特别就鲁滨逊而言）和经济史（特别对比尔德而言）以广阔的发展空间，在根本上改变了美国史学的整体面貌。美国史家也被一种现世主义（Presentism）的态度所吸引：活在当下，基于当下的现实而选题、发问，并透过自己的研究直接回馈当下。特纳在《史学的重要性》中就曾说过："每个时代都根据它那个时代最重要的问题而重新书写过去的历史。"[②]历史研究的选题绝非为了完全复原过去，与古人对话；相反，有意义的选题必须经过"现实滤镜"的筛选，直击当

[①] 〔英〕丹尼斯·史密斯：《历史社会学的兴起》，周辉荣等译，刘北成校，上海：上海人民出版社，2000年，第55—56页。

[②] F. J. Turner, "The Significance of History", in *Frontier and Section: Selected Essays of Frederick Jackson Turner*, R. A. Billington eds. N. J., Englewood Cliffs: Prentice-Hall, Inc., 1961, p.17.

下，为今人所用。美国史学的发展"源不远，流不长"，在经历了19世纪后半叶不断引入欧洲史学的各种流派与思潮之后，美国学者也想发出一种独立的、本土化的声音，立志要有助于现代民族国家的塑造。他们认识到：美国学者不仅要和旧大陆的同侪争夺学术话语权，更要透过学术话语来表述一种政治立场和爱国心。"1914年，美国历史学家经常指责欧洲历史学界的同行们鼓吹民族主义，并因此导致了世界战争。美国宣布参战后，对这种罪过的指责内容发生了转变，美国历史学家承担的任务也发生了相应的变化，他们开始为没有努力推动美国的爱国主义，没有让美国年轻人尽军事责任而及时做好精神上的准备而感到'后悔'和'检讨'。他们说，德国'利用中小学教育来达到一种不可告人的目的，……而我们为了高尚的目的，也需要利用这一武器，在这一点上决不能落后于他们'。"①像"公共信息委员会"（the Committee on Public Information）和"全国历史服务局"（the National Board for Historical Service）这样的机构应运而生，动员历史资源为眼下的国家利益和政治理念服务，这是当时史家的共识。

如果聚焦到20世纪上半叶的美国社会学界，情况同样如此。社会学家赖特·米尔斯也曾说："社会科学中的混乱既是'科学性的'，也是道德性的；既是学术上的，也是政治上的。……所有研究人与社会的学者都会在自己的研究中假设和暗示一些道德与政治上的决策。"②他还转引美国学者尼尔·霍顿（Neal Houghton）的断言："一向被错当作政治学学

---

① 〔美〕彼得·诺维克：《那高尚的梦想："客观性问题"与美国历史学界》，杨豫译，北京：生活·读书·新知三联书店，2009年，第157—158页。

② 〔美〕C.赖特·米尔斯：《社会学的想象力》，李康译，北京：北京师范大学出版社，2018年，第106页。

术的许多东西，其实不过是为这些政策做些合理化注脚并叫卖推销。"①
可见，"象牙塔"和"主街"之间的互动已经相当频繁和深入。

当然，从另一面来说，社会科学研究中过度的实用主义倾向也特别值得警惕，很多象牙塔中的学者一直对其保持了一种审慎的警醒。在他们看来，既然超然世外的研究并不存在，那么积极入世的研究就不能被政客们牵着鼻子走，反倒要严格依据历史和现实的本来面目，借兰克的话说就是"如实直书"。真实性和客观性是衡量研究公允与否的重要标准。顺着这一思路，有一批学者决定要用历史的丰富和复杂来验证（包括证实与证伪）某些与政策相关联的普适化的理论解释。他们以"求真"来制衡"实用"，试图在"象牙塔"与"主街"之间维持一种合适的距离感。这些人中的有一些人后来走上了"历史社会学"的道路。他们起初是学术主流之外的支流，但他们凭着经验研究的支撑，试图质疑主流学术范式的解释，从而为历史与现实提出一种别样的解释。从而使象牙塔不再为单一的理论所控制，变成了多种理论争竞的舞台。

历史社会学在20世纪后半叶的登台在学理上是为了反对一种社会学内的"宏大理论"和方法论上的过度"科学主义"；而在现实需要上，则是试图以一种别样的方式回应一个现实的议题，即美国如何看待世界？这个问题要回答的是：美国学者如何在冷战两极格局的背景之下，解释自身的社会制度同其他类型的社会制度之间的关系，美国何以成为后者的标杆和榜样。

---

① 〔美〕C.赖特·米尔斯：《社会学的想象力》，李康译，北京：北京师范大学出版社，2018年，第117页。尼尔·霍顿的话出自他本人于1958年4月12日在美西政治学会（Western Political Science Association）上的演讲。

正如笔者在导论中所言，美国的历史社会学具有一种"反现代化理论"的特质，而"现代化理论"无疑是一种源自冷战两极格局的意识形态产物。美国学者雷迅马（Michael E.Latham）在《作为意识形态的现代化：社会科学与美国对第三世界政策》一书中就指出现代化理论在美国的形成有两条线索，一条是延续了美国本土的天定命运观和欧洲传入的启蒙进步论；一条是满足了冷战政治的需要。他转述原哈佛大学文理学院院长、后来的肯尼迪和约翰逊两届政府的国家安全顾问麦乔治·邦迪（McGeorge Bundy）的观点，指出："冷战要求充分动员一个国家的智力储备，由此学者也被期望为国家效力。"①雷迅马还在谈及美国经济史家、阶段论的代表人物瓦尔特·惠特曼·罗斯托（Walt Whitman Rostow）时说："对他（指罗斯托）的知识分子助手班子以及他们为之献计献策的决策者来说，现代化的概念远不仅仅是一个学术上的模式。它也是一种理解全球变迁的进程的手段，还是一种用以帮助美国确定推进、引导和指导全球变迁的办法。"②雷迅马指出"现代化理论"的出现是一种附着于某种政治意图之上的意识形态，他的著作试图探讨"政治权力""国家利益"和"学术文化"之间的内在联系。时势造"英雄"，学术界的新宠往往是那些接受征召、为国所用之人。同样，正是这种冷战格局的现实需要给了帕森斯以机会，让帕森斯顺应时机，成为学术领袖。

① 〔美〕雷迅马：《作为意识形态的现代化：社会科学与美国对第三世界政策》，牛可译，北京：中央编译出版社，2003年，第33页。
② 〔美〕雷迅马：《作为意识形态的现代化：社会科学与美国对第三世界政策》，牛可译，北京：中央编译出版社，2003年，第2页。

二、帕森斯学界大佬地位的确立

德国学者乌塔·格哈特在《帕森斯学术思想评传》中曾指出：1937年出版的《社会行动的结构》一书因其篇幅冗长，行文玄奥，读者往往望而却步，在美国学者中的受众了了。但1949年的再版却非常成功，情况发生了显著的变化。该书逐渐成为社会学课程的必读文献，并在20世纪70年代跻身经典之列，深入分析该书的二手研究也接连不断地出现。同样一本学术著作，第二版只比第一版多了一个五页半的序言，何以从"受人冷遇"到"洛阳纸贵"？格哈特指出：社会学家之所以在二战之后而不是之前开始对《社会行动的结构》产生浓厚兴趣，是因为在此书两个版本之间的十年里，历史情境出现了转变。① "二战是帕森斯著述的一个特别阶段的背景"②，该书有某种特定的政治格调，"此书将民主体制与法西斯主义（极权主义）相对立"③，"他（指帕森斯）详细阐述了两类社会系统，间接对比了当时的两个社会，即美国和纳粹德国"④，帕森斯写作此书的目的是要从科学的视角去理解：国家社会主义何以作为民主的社会行动结构的对立面。帕森斯的这部作品细致论证了民主体制的内在结构和各部分的功能，并提出了"失范"（anomie）和"整合"这一组对立的两个变量，将两类社会制度并置、比较，进而归纳特征，建立解释模

---

① 〔德〕乌塔·格哈特：《帕森斯学术思想评传》，李康译，北京：北京大学出版社，2009年，第3—5页。

② 〔德〕乌塔·格哈特：《帕森斯学术思想评传》，李康译，北京：北京大学出版社，2009年，第73页。

③ 〔德〕乌塔·格哈特：《帕森斯学术思想评传》，李康译，北京：北京大学出版社，2009年，第41页。

④ 〔德〕乌塔·格哈特：《帕森斯学术思想评传》，李康译，北京：北京大学出版社，2009年，第74页。

型。"作为公民，作为学者，他都在积极投入反纳粹的行动"，"从1938年到1945年，他比一生中其他任何时期都更多地关注一个活生生的社会，那是千百万人亲身经历的生活世界。他是捍卫民主体制的活动分子，但他也运用社会学理论来遏制国家社会主义所带来的对于文明的根本威胁"，他"常常十分直白地主动出击"，"将对于民主的捍卫与理论的分析密切融合"①。在1938—1945年，帕森斯深入地介入了政治生活：他参与培养学生的公民精神；在珍珠港事件之前就积极倡导美国对战事的干预；他曾讨论对德处理问题；参与了哈佛海外管理学院对军管政府官员的培训；也曾担任外国经济管理署的顾问，主张要人为地积极推动德国的社会变迁。正是帕森斯这种从学理上公开反抗国家社会主义，伸张新政自由主义的立场和实践奠定了他的社会影响力和学术权威性。

在战后初期，帕森斯更加关注社会学的学科地位，曾经在1946—1948年间撰写并向社会科学研究委员会（Social Science Research Council，简称SSRC）提交了一份备忘录，名为《社会科学：一种国家基本资源》（Social Science: A Basic National Resource），认为社会科学研究与核物理研究的威力一样重要。②撰写这份备忘录的第二稿时，帕森斯也在撰写《社会系统》（1951年面世，帕氏中期的代表作）一书。格哈特特别指出："《社会系统》常常被误读成抽象理论，……但我的观点与此相反，《社会系统》自有其社会历史关怀的深厚背景。一方面，哈佛大学社会科学的应战努力，包括帕森斯的一些同事们的研

---

① 〔德〕乌塔·格哈特：《帕森斯学术思想评传》，李康译，北京：北京大学出版社，2009年，第157页。

② 〔德〕乌塔·格哈特：《帕森斯学术思想评传》，李康译，北京：北京大学出版社，2009年，第196—204页。

究，激发了《社会系统》。……另一方面，此书也很重视科学对于现代社会的重要性，集中探讨了社会科学（特别是社会学）在战后所能扮演的角色。"①

经过如上的梳理，可以看出：帕森斯的学术研究自始至终都具有强烈的现实指向，他带着一种捍卫民主的热情积极著书立说。正是在这一过程中，其抽象、缜密、宏大的理论获得了学界的广泛认可和接受，帕森斯自己也逐渐树立起了学阀的威望。无疑，帕森斯的登场积极回应了美国政府对社会科学的召唤。

三、美国政府对社会科学家的呼召

冷战作为一场有别于热战的国际关系对抗形式，其核心战术之一就是在意识形态领域展开争夺。研究美国外交史的王立新教授指出："如果说在19世纪以欧洲为中心的国际体系中，国家间的冲突主要是为了权势、荣誉和利益（大革命时期的法国是一个例外），20世纪的国际冲突则充满不同意识形态之间的激烈竞争，大小'主义'为控制人类的思想而战，对某种意识形态的信奉和捍卫主宰了众多国家的政治行为。"由此，可以说："20世纪是国际关系史上的'意识形态时代'。"②特别是在二战结束之后，以美国和苏联为首的两种制度类型为新兴民族国家的未来走向提供了两种可能。随着世界政治格局日渐"两极化"（polarize），那些在立场上暧昧不明的政治实体被要求"站队"（take a side），"表态"

---

① 〔德〕乌塔·格哈特：《帕森斯学术思想评传》，李康译，北京：北京大学出版社，2009年，第216页。

② 王立新：《意识形态与美国外交政策》，北京：北京大学出版社，2007年，导言第1页。

（show a stand），在非此即彼中做出选择。作为"人类工程"的社会科学，其宗旨就在于预测并控制人的行为，那么社会科学从业者们也必须发挥技术专家的职能，效力于国家现实政治利益，提供人类行动的合理指南。任何意识形态上的宣传鼓吹，都需要夯实其学理上的根基，并获得知识分子的认同与支持，进而教化民众，输出思想。国家机器需要学术研究来为其施行的政策做论证和辩护。美国社会科学史家多萝茜·罗斯（Dorothy Ross）曾在《美国社会科学的起源》一书中开门见山地总结说："美国社会科学因其民族性起源而具有鲜明的特色。就像实用主义、新教原教旨主义或抽象表现主义那样，社会科学是现代美国文化的特有产物。它的自由主义价值、实用性偏好、肤浅的历史观和对技术专家治国论的信心，是公认的20世纪美国的特征。"[1]

　　美国意识形态的核心及其政治生活演进的中心思想是自由主义。自由主义是美国最深厚的传统，是一种从美国革命爆发之初就在发挥引领作用的政治文化，它仿佛不证自明，从未在美国受到过质疑。这一判断也被称为"托克维尔—哈茨命题"（the Tocqueville-Hartz Thesis），为研究美国政治的学者所普遍接受。此种自由主义范式正是理解美国二战后政治发展的主要范式，它主导了美国人对诸多基本社会、政治与经济问题的看法。当这种观点同美国人对"自我形象的认知"相结合的时候，也就是说同美国的"例外论"和"山巅之城（city upon on the hill）的灯塔假说"相结合的时候，美国人在思维习惯上就倾向于做出一种论断，即美国的制度是优越的，处于发展图示的最高阶段；是超越于其他国家

---

[1]　〔美〕多萝茜·罗斯：《美国社会科学的起源》，王楠、刘阳、吴莹译，北京：生活·读书·新知三联书店，2019年，第3页。

发展阶段和发展水平的，因此是应当成为他国学习和模仿的榜样。这种爱国主义理论家们所宣言的理论自信让美国的政客们越发自我膨胀，觉得20世纪的确是亨利·卢斯（Henry Luce）所言的"美国的世纪"（The American Century）[1]，他们有责任来输出"先进"制度，来扮演拯救者和教导员的角色。而为了论证并充实这一解释逻辑的合理性，社会科学家们制造出了与之匹配的"现代化理论"。

现代化理论在学理上讨论的中心问题聚焦于：自启蒙运动以来，现代社会转型过程中的社会变迁及其深远影响。但这一理论之所以在20世纪中叶成为美国社会科学界的核心议题，并让美国版本的现代化理论成为畅销世界的一种学说，还必须结合美国本土的历史背景，特别是其外交政策的转型来加以探讨。冷战初期，美国外交彻底告别了孤立主义，重新搬出了具有强烈理想主义色彩的"威尔逊主义国际主义"（Wilsonian Internationalism）、着力塑造了美国人自产自销的"真正美国式的国际主义"（a truly American internationalism）这一外交概念。美国对外政策的一项重要实践就是系统的、大规模的借助对外援助来变革外部世界。

---

[1] 亨利·鲁滨逊·卢斯（Henry Robinson Luce）作为美国报业巨头，通过创办《时代周刊》（1923年创刊）、《财富》（1930年创刊）和《生活》（1936年创刊）杂志，创立了他的纸质媒体帝国，深刻改变了美国大众的政治视野：使普通美国老百姓获取到的知识内容不再只是当地小报"邻猫生子"的地方性新闻或花边素材，而是关乎世界局势、充满国际视野的实时同步的政治军事要闻和其他文明形态的系统引介。周刊概念的媒体发行形式，重新定义了"新闻"时效性的重要意义，让美国读者的认知和国际局势的演进相同步，也确认了美国要进行"意识形态输出"的信念。美国民众借助传媒手段了解了世界，这也激发了他们在世界中定位美国自身的地位，并决意积极行动、试图充当领导者的热心。作为传教士之子（他的父亲路思义曾长期在中国传教并成为中国教会大学的海外募款人，亨利·卢斯本人出生于中国山东烟台，当时，他的父母在该地传教），卢斯受到了一种基督教新教天职观念的激发，总是在追求大问题、追问大人物，希望美国的新闻行业能够担负起某种创造者的角色，发挥"传道"精神。关于卢斯，参见〔美〕艾伦·布林克利：《出版人：亨利·卢斯和他的美国世纪》，朱向阳、丁昌建译，北京：法律出版社，2011年。

其中，特别针对第三世界，要使其实现"现代化"，并以西方为标准，对其进行同质化的改造。作为美国社会科学界中最重要的学术组织，"社会科学研究委员会在1957年强调：第三世界的精英正在为他们的国家和社会寻求一种新的具体模式，而美国社会科学家的责任就是制定出这样的模式"①。美国学者急需建立一种体现美国自由主义精神的理论，以此来对抗共产主义的理论，并成为一种有说服力的解释框架，进而与苏联争夺第三世界。现代化理论家们都认为："美国可以通过积极的干涉抵消共产主义在第三世界的威胁。"美国的政治领袖约翰·F.肯尼迪以及其继任者林登·B.约翰逊都坚信"国际发展是美国国家安全战略的一个不可分割的组成部分"。1961年3月22日，肯尼迪向美国国会就对外援助问题发表了特别讲话，着力宣扬一种论调，即美国作为世界领袖，有道德上、经济上和政治上的不可推卸的责任，在他看来："现在不承担这些责任就会导致灾难，而且会在长期内付出更高昂的代价。因为，广泛蔓延的贫困和混乱会导致现存政治和社会结构的崩溃，而这又将不可避免地导致极权主义向每一个虚弱和动荡的地区挺进……我们生活在人类历史上一个很特别的时刻。世界的整个'南方'——拉丁美洲、非洲、中东和亚洲，都已深深卷入伸张其独立和使其古老生活现代化的风险事业当中。"②

---

① 参见：*Social Science Research Council Annual Report 1956-1957*, Washington, DC: SSRC,1957, pp.19-20.此处转引自〔挪威〕文安立：《全球冷战：美苏对第三世界的干涉与当代世界的形成》，牛可等译，北京：世界图书出版公司，2012年，第26页。

② 引文出自演说：John F. Kennedy, *Public Papers of the Presidents of the United States (hereafter PPP-US)*, Vol. I Washington, D.C.: US Printing Office, 1962, pp.204-206; John F. Kennedy, *Special Message to Congress on Foreign Aid*, 22 March 1961. 此处，中译文转引自〔挪威〕文安立：《全球冷战：美苏对第三世界的干涉与当代世界的形成》，牛可等译，北京：世界图书出版公司，2012年，第29页。

这种说法显然有种自我陶醉的嫌疑，但经过一种美好政治话语的包装，这种说法让美国人拥有了一种世界主义的情怀，并催生出了一种简单粗暴的逻辑，即让非西方世界变得越发像西方世界，或者说越像美国，这就是现代化，这是一种善举。美国以"对外援助"和"发展政策"为中心的针对第三世界的一系列改造策略，是在其"自由国际主义"（Liberal Internationalism）的政治理念之下所展开的浩大的社会工程。这需要专业社会学家和区域国别史的研究者为其提供学理上的支撑。

"在现代化理论的奠基者和思想宗师帕森斯那里，他一方面反对古典经济学的自由放任主张及其方法论上过度的个人主义；另一方面把恢复和详细阐发自由主义意识形态（作为）促使他的新理论产生的伟大道德责任"，他"试图为美国社会科学提供一种实践立场，以使专业化的社会科学能够有助于资本主义社会秩序的理性化，最终促进资本主义民族国家的成长和巩固"①。历史学家们也着力于大书特写，凸显美国在20世纪世界史中所占有的显著历史意义。在文明史写作中，提出世界文明之中心从欧洲向北美的转移，并视其为一种世界文明领导权的"接力棒交接"。这批学者理所当然地认为美国可以为"自由主义"代言，他们自己的学术研究同样如此。赖特·米尔斯早就说过："19世纪下半叶，美国的社会科学研究与美国的进步运动相联系，试图将研究活动和社会改良运动相结合。"他还说："在美国，自由主义已经成为了几乎所有社会研究在政治上的共同尺度，也是几乎一切公共修辞和意识形态的思想源

---

① 牛可：《自由国际主义与第三世界——美国现代化理论兴起的历史透视》，《美国研究》2007年第1期，第49—50页。

泉。"①美国学者对如下信念深信不疑：学术研究应当肩负起责任，积极宣传并传播以美国为楷模的自由民主的制度。他们的研究成果被视为一种与革命的马克思主义的历史解释相对立的别样的历史解释。"现代化理论浸透着冷战高潮中美国人对自身的某种信念"，"对许多美国政策制定者和普通美国人而言，现代化理论最终代表了一种新型的'天定命运'观念，代表了美国人对本国的优越性和道义使命的自我感受"②。正是在这样一种认知框架之下，美国的社会科学研究在二战后变得越发同现实政治需要和外交需要相绑定。政治绑架了学术。

国际关系上的冷战格局在美国国内产生的诸多实际后果之一就是深刻动员了美国的专业学术人才参与到解决实际问题，充当政府智库的角色中来。帕森斯无疑是其中的翘楚，并具备了一种学术企业家和组织者的气势。英语中有一个词"academic statesman"，这种人类似于工商界的经理人和军事上的首领，凭其业内的声望与特权，会为其自身学术立场的展示和发展提供更多空间，甚至能够使之占据话语权的主流。无疑，这一头衔用在帕森斯身上并不为过。"当冷战正在如火如荼地进行当中，美国社会科学家相信，通过现代化理论，可以明确解释自己国家的历史成就，找准'新兴世界'的缺陷，使他们能够在这个危机时代里针对国家的需要提出应对的办法。"③让那些第三世界新出现的现代民族国家能够走向欧美式的发展道路而不落入苏联社会主义阵营，这是他们

---

① 参见〔美〕C. 赖特·米尔斯：《社会学的想象力》，李康译，北京：北京师范大学出版社，2018年，第118页。

② 〔美〕雷迅马：《作为意识形态的现代化：社会科学与美国对第三世界政策》，牛可译，北京：中央编译出版社，2003年，中文版序第V页。

③ 〔美〕雷迅马：《作为意识形态的现代化：社会科学与美国对第三世界政策》，牛可译，北京：中央编译出版社，2003年，第45页。

理论建构的现实目的。在帕森斯势力的主导之下，社会科学变得越发像是一门医疗诊断学。诊断的依据是，对美国自身制度的肯定和推广；而结论则是，将与美国对立的政治意识形态视为是病态、落后和不自由的。自此，在20世纪中叶以后，美国学术研究所面向的公众发生了变化，研究目的越来越从满足进步时代社会改良的需要转向到了满足冷战背景下决策集团政治宣传的需要。"美国的学术共同体作为整体，在道德上是对自己已然涉足其间的新型实用取向开放的。无论大学内外，处在学术中心的人们都成了行政管理机器里的专家。"[1] 例如，现代化理论的代表人物、《经济增长的阶段——非共产党宣言》的作者沃尔特·罗斯托（Walt Rostow）就被肯尼迪总统任命为美国国务院政策计划委员会主席。肯尼迪遇刺身亡后，他继续为林登·约翰逊所用，担任总统的国家安全顾问。

"象牙塔"里的研究绝非完全曲高和寡；相反，它积极回应了"主街"上的喧嚣。帕森斯也曾发表多篇论述来专门讨论"教育革命"（Educational Revolution）[2]，并在1973年与他的学生盖尔德·普拉特（Gearld M.Platt）合著《美国大学》[3]一书。他认为：美国在高等教育上的进步正是美国最能完美体现现代性基本特征的一种原因，美国的大学

---

① 〔美〕C.赖特·米尔斯：《社会学的想象力》，李康译，北京：北京师范大学出版社，2018年，第137页。

② Talcott Parsons, "The School Class as a Social System: Some of its Functions in American Society", Reprinted in *Social Structure and Personality*, New York: Free Press, 1959. Talcott Parsons, *Societies:Educationary and Comparative Perspectives*, Englewood Cliffs, N.J.: Prentice-Hall, 1966. Talcott Parsons, "The Strange case of Academic Organization", *The Journal of Higher Education*, 42(6), 1971, pp.486-495.

③ Talcott Parsons and Gearld M.Platt, *The American University*, Cambridge, Mass.: Harvard University Press, 1973.

作为极具创造力的场所构成了美国社会结构变迁的一种动力来源。他曾说："现代大学，尤其是美国式样的大学是教育革命发展的顶峰。它已经成为渗透到现代社会诸多层面的某种广泛变迁过程的主导性要素。"① 他认为"职业②群体结构"与"大学的结构"同"美国主要的社会结构"具有同构性（homoorganicity）和合议性（collegiality）。在他看来，美国在历史上基于新教文化传统而产生的"工具能动主义"（Instrumental Activism）③构成了美国社会的一种核心价值观，而大学的中心目标就是要塑造公民"认知上的合理性"（cognitive rationality）。帕森斯的解释逻辑是：受过教育的公民（educated citizenry）形成一种公民权（citizenship）价值观，这类具有完全公民身份的成员构成了美国社会共同体。现代社会是高度分化的，现代社会中的个体要想最大限度地参与社会生活，就必须具备相应的"能力"，而这又来源于现代教育和"大学–学术复合体"（university-academic complex）的塑造。④ 德国社会科学史家彼得·瓦格纳（Peter Wagner）也指出："经历第二次世界大战之后的大学扩张，以及社会科学家与政策制定者之间的改革联盟，社会学领域的许多特性都已有所改变。"⑤这种改变在20世纪60年代的美国尤其显著。

---

① Talcott Parsons and Gearld M. Platt, *The American University*, Cambridge, Mass.: Harvard University Press, 1973, p.225.

② 帕森斯用profession而非一般意义的occupation，包括学术性职业和应用型职业。

③ Instrumental Activism即认为个人是为实现集体性目的的手段和工具。天职观念召唤下，个人应当从理性出发，对外在环境进行积极控制和改进。

④ 帕森斯对大学和高等教育的分析参见赵立玮：《塔尔科特·帕森斯论"教育革命"》，《北京大学教育评论》2009年第3期；柳亮、刘小平：《塔尔科特·帕森斯高等教育问责思想初探》，《比较教育研究》2017年第3期。

⑤〔德〕彼得·瓦格纳：《并非一切坚固的东西都烟消云散了：社会科学的历史与理论一探》，李康译，北京：北京大学出版社，2011年，第10页。

四、20世纪60年代美国社会运动对学术研究的影响

英国历史学家艾瑞克·霍布斯鲍姆（Eric Hobsbawm）曾指出：在第二次世界大战后的30年间，传统派的历史学家处于败退地位，进行殿后部队作战，而冲锋陷阵的是那些现代派。那些创新者的阵营缺乏同构性，他们找到的共同旗帜是"社会史"，"同时这面旗帜与60年代政治立场激化、人数不断暴增的大学生群体配合得天衣无缝"[①]。美国学者小威廉·休厄尔更是针对战后美国的社会史研究做出了如下的评述：

在20世纪60年代中的大多数时候，关于当代美国的研究在美国社会史中处于绝对的主导地位，但民权和反战运动使20世纪60年代和70年代早期完成学业的研究生和前人相比对社会变化更感兴趣。新一代学者开始质疑资本主义的冲击和西方国家的垄断如何改变了世界上不同的社会，而不再是寻找美国社会——常常含糊地等同于普遍意义上的社会——运作的永恒法则。[②]

这一表述事实上概括了本节的主要线索。在20世纪上半叶，美国的学术研究曾具有高度的现世性，强调当代人研究当代事。关切美国社会本身也是鲁滨逊新史学实用主义取向的一种表现。但战后冷战背景下的意识形态争夺战，让现代化理论研究肩负着一种传播自由民主理念的世

[①]〔英〕艾瑞克·霍布斯鲍姆：《霍布斯鲍姆自传：妙趣横生的20世纪》，周全译，北京：中信出版社，2016年，第375页。

[②]〔美〕小威廉·H.休厄尔：《历史的逻辑：社会理论与社会转型》，朱联璧、费滢译，上海：上海人民出版社，2012年，第76页。

界主义责任。现代化理论家们以美国社会为标准样本，并试图在国际主义旗号下展开意识形态输出。这批学者从西方现代民族国家的发展历程中提炼出"西方"经验并将其简易安装在"非西方"地区的现代化经历上，并试图借助一种人为的、手动的改造为第三世界提供现代化起飞的种种初始条件。按照他们做出的假定：如果社会初始条件一致，那么必然会出现可预期的社会成效。但是，他们为验证这类普适理论而展开的区域地方研究（field studies），却又"搬起石头砸了自己的脚"。此类"空降"的理论在现实面前，往往"水土不服"。其表现差强人意，甚至完全无效。社会转型总是被地方特征和偶然因素所干扰，理想状态下的理论假说从未真正应验。当代研究一旦与深厚的历史分析相互对照，纵深的时间轴上马上跳出了很多意外且扎眼的特例，动摇了现代化理论家们的信心。

"现代化理论"更多的是一群充满理想的、心态乐观的学者自说自话的纸上谈兵。"现代化理论"后来被第三世界的本土学者所诟病，并受后殖民理论所批评，被认为是一种（西方学者针对第三世界而展开的）自以为是的盲目诊断和乱开药方；甚至美国人的这种现代化理论在很多欧陆学者那里也不受待见，饱受批评。所以在某种意义上说，最初，历史社会学的出现也试图寻求新的出路来替代走入困境的现代化理论。

然而，与象牙塔内文人学者间的论战相比，外部现实政治上的惨痛失败，无疑如同一盆冷水，最直接地摧毁了美国人的这种过度自信，并让他们开始冷静下来，来反思这种被鼓吹起来的头脑发热。在美国，接受面甚广的一本教科书式的美国通史这样写道：

　　　　六十年代在1968年达到顶峰时刻。在这一年，具有重大影响的事件接二连三地发生，其速度之快，使人感到好像美国社会的基础正处于迅速瓦解之中。1968年1月底，越共和北越部队发动了新春攻势，南越各城市中发生的经过精细组织的暴动令美国的军事领袖们深感意外。美国击退了北越的攻势，而且损失惨重。但是，战斗的惨烈程度通过电视传到了美国，粉碎了公众对约翰逊政府的信心，因为约翰逊反复声称胜利"指日可待"。媒体和政府机关里的领袖人物异口同声地谴责美国卷入越战。来自明尼苏达的反战参议员尤金·麦卡锡（Eugene McCarthy）宣布他将寻求民主党的总统候选人提名。3月，在一群学生志愿者的支持下，麦卡锡在新罕布什尔的初选中赢得了40%的选票。眼看公众对战争的支持不断减少，约翰逊拒绝采纳军方提出的增派20万军人前往越南的要求。同年3月，他宣布，他决定不寻求连选连任。①

越南战争让美国人陷入泥潭，这不仅标志着美国外交对第三世界政策的失败，甚至让美国国内的最高统治集团也面临换帅的风险。美国的自由国际主义让美国的诸多普通家庭真切经历了战争的残酷，但是却并未在国际舞台上为美国的外交理念带来任何实质性的认可与助力。以越战的失败为契机，美国国内政治发生了很多变化。对民主党而言，1968年是异常艰难的一年。1968年4月，黑人民权运动领袖马丁·路德·金在田纳西州的孟菲斯市遇刺身亡，随后，美国多座城市相继发生了暴乱。6月，作为反战且反约翰逊的民主党人，前总统约翰·肯尼迪的弟弟、曾担任过司法部部长的民主党总统候选人罗伯特·肯尼迪又突然在洛杉矶遇刺身亡，

① 〔美〕埃里克·方纳：《美国历史：理想与现实》（下册），王希译，北京：商务印书馆，2017年，第1272页。

而在此之前，他刚刚赢得了六个州中五个州的支持，其中既有南达科他州这样的农业州，也有加利福尼亚州这样的工业州，他悼念马丁·路德·金的感人演说也曾一度安抚了黑人的情绪。然而，这场偶然的意外作为一件影响巨大的"黑天鹅"事件，让民主党措手不及。在芝加哥召开的民主党代表大会后来顶住会场外学生反战示威的压力，决定让支持约翰逊越战政策的副总统小休伯特·汉弗莱（Hubert Humphrey, Jr.）替补。亚拉巴马州州长乔治·华莱士（George Wallace）作为反民权运动的民主党人更是另立门户，独立参选，分走了民主党的选票（他最终赢得了13%的选票）。民主党和共和党两党对峙，外加一个搅局的独立参选人，美国大选出现了罕见的三方博弈，最终曾因媒体形象不佳在电视辩论中败给过约翰·肯尼迪的共和党参选人理查德·尼克松以微弱优势险胜（他只赢得了43%的选票）。虽然民主党依然掌控国会，但总统已经变成了共和党人。自由主义已经步入守势，保守势力开始反扑。"20世纪60年代的后5年和20世纪70年代见证了一系列改组美国政治的重大发展——由富兰克林·D.罗斯福构建的政治联盟发生了分裂，美国发生了一场似乎不能为传统自由主义方法解决的经济危机，人口和经济资源向位于南部和西部'阳光带'的保守派大本营迁移。"①悖谬的是：一个激进主义日渐高涨的时代，竟然目睹了保守主义的复活。彼此相互仇视的两个群体都宣称"现在就要自由"，"给所有人自由"，他们以各自的方式争夺着对"自由"的解释权。这个事件丛生、令人目不暇接的时代，也给那些曾经受到压制、被边缘化的群体以发声的机会。学术界同样也经历着此类激荡。

---

①〔美〕埃里克·方纳：《美国历史：理想与现实》（下册），王希译，北京：商务印书馆，2017年，第1279—1280页。

以研究社会延续和转型机制为中心的现代化理论无论是在现实政治效果上还是在学术说服力上都遭遇到了巨大的挑战与质疑，在困境中日渐失去威望。"1960年代末在越南战争引发的政治和思想危机中，现代化理论丧失了作为主导性官方政策理念的基础地位，在学术上也受到来自激进、保守两翼的批判和挑战。现代化'学派'很快在美国消散了，到1980年代似乎已很少有学者会自称自己的专业领域是'现代化'了。"①曾经的学术红人有陷于落寞的走向。

美国与外部世界的不协，甚至是冲突直接动摇了美国人对输出"现代化"理念的确信。与之同步，20世纪60年代美国国内社会的种种变化也直接激发了学者们思考"现代社会"自身的弊端，他们日渐放弃了自启蒙运动以来的那种简单化的、线性的、乐观进步的历史观，开始从现代社会的消极面向入手，综合打量"现代性"的正反两面，权衡现代性所带来的益处和不容回避的代价。美国国内风起云涌的各类社会运动（如民权运动、妇女运动、反战和平运动以及同性恋群体所发出的争取权利的运动）都要求要把美国政治的聚焦点从国际舞台重新拉回国内舞台，解释国内乱象。

曾经，第二次世界大战提供了一种绝佳的历史契机，让美国人接过了日落斜阳的大英帝国的接力棒，一度成为所谓的"自由世界的灯塔"和现代社会的领头羊。但只是过了没多久，美国国内的族裔冲突和阶层冲突就又给社会科学家们提出了新的难题。其他国家和有待实现"去殖民地化"的各个地区都对美国民权运动的展开表现出了密切的关注。在

---

① 牛可：《自由国际主义与第三世界——美国现代化理论兴起的历史透视》，《美国研究》2007年第1期，第55页。

众目睽睽之下，美国的外交说辞和意识形态宣传需要美国国内政治的大力配合，才能让令人信服。美国史家埃里克·方纳（Eric Foner）曾写道："自冷战伊始，美国的领导人总是担心种族隔离会给国家的国际名声带来冲击。杜鲁门总统推动他的民权政策，部分原因是希望提醒美国人，美国不能'无视世界如何看待我们的记录'。国务院为布朗案提交了一份法律之友文件，其中提到种族隔离对美国的海外形象造成的破坏。"[1]这一时期，民主的公民权问题成为研究的新议题，集体行动理论、社会运动研究和抗争政治研究成为美国政治和社会学界的新兴学术成长点。史学界的新社会史和新政治史研究也日渐走高。美国的学术研究必须尽快对迫切需要答案的社会冲突做出解释和回应。

美国高等教育在这一时期的发展，极大扩充了"象牙塔"的容纳空间和社会影响力。在1960到1970年代，美国有一半的高中毕业生可以进一步接受大学教育。这些人经历了大学学术训练和专业化知识的洗礼，并将他们在"象牙塔"里所镀上的金，展现在了"主街"上，明晃晃而引人注目。美国高等教育的毛入学率也显著高于其他国家。从高校的师生人员结构上看，二战以后，美国高等教育日渐大众化、普及化，大量退伍老兵、出身于普通家庭的白人和少数族裔的后裔得以进入大学。美国的大学，特别是公立大学，已经不再是精英阶层专属的学习场所，而变成各个社会阶层和多元族裔的汇聚之所。象牙塔中的人群来源变得更加多样，其既有的社会经历相当丰富，大学生已不再是涉世未深的富家子的代名词。由此，各阶层也把其原生阶层的价值观带入到了象牙塔

---

① 〔美〕埃里克·方纳：《美国历史：理想与现实》（下册），王希译，北京：商务印书馆，2017年，第1211页。

中，各不相同的社会群体在有限空间内不断激发并交流彼此既有的认知框架和价值观念。这直接推动了学术研究议题的朝向，即要直接解决当下现实社会中的各类难题。象牙塔之所以不再是不易高攀、置身事外之所，是因为被灌满了社会上的烟火气、直接反映了社会现实中不同利益团体的迫切需要。在此背景之下，"这种学术的活力与公众的关注的结合给了历史社会学一个大机遇，使它能够给公民文化打上自己的印记。历史社会学家们通过自己的工作有可能给他们的公民同胞以知识和技能，从而或许有助于后者去评价各种关于什么是'可能的'或'不可能的'不同见解"[①]。正是在这一氛围之下，历史社会学开始在美国的大学中获得了生存空间。

　　一言以蔽之：帕森斯地位的确立以及现代化理论作为一种中心解释范式的确立，是在美苏两极格局下，为争夺意识形态上的解释霸权而应时出现的一种学术思潮，是大学"象牙塔"中的学人对大学外"主街"上的社会现实需要所作出的一种回应姿态。这种外部的社会和政治底色，赋予了学术领域内的学理分歧以特定背景。正如现代化理论应时而生，同样，历史社会学在美国同样也回应了时代的呼召。它直接回应了那些将美国社会过度完美化、典范化的学人，将其隐藏的美国中心论和美国最优论的信仰击碎。让他们看到了空洞理论与真切现实之间的不协，也让他们意识到了世界不同地区在不同历史和文化的沉淀之下所展现出的异质性。

---

　　① 〔英〕丹尼斯·史密斯：《历史社会学的兴起》，周辉荣等译，刘北成校，上海：上海人民出版社，2000年，第1页。

第二章

象牙塔：美国历史社会学
在战后兴起的内在学理背景

如前所述，美国的历史社会学在20世纪60年代应运而生，受到了特定外部社会背景的深刻影响。后文的关注焦点将从"主街"（美国社会）切换到"象牙塔"（大学和学术圈）内。只有攀登这座塔的台阶，看看那些站在台阶高处和低处的学者以何种姿态各自呈现他们的立场，才能看明白他们的"站位"、"分化"，甚至是"对垒"。

一、哈佛大学社会关系系的兴衰

1946年到1972年，哈佛大学存在一个特殊的跨学科研究科系——社会关系系（the Department of Social Relations）[①]。这一机构在帕森斯的主导下组建并与帕森斯学术地位的兴衰相同步：这一机构的出现反映了帕森斯对美国社会学在理念上的改造，这一机构的衰落则反映了帕森斯范式的式微以及美国社会学内部的一种新动向，即历史视角对非历史的综合理论的抗辩。

哈佛大学的社会学系最初成立于1931年2月10日，由曾组建过彼得格勒大学社会学系的俄裔旅美社会学家皮特里姆·A.索罗金（Pitirim A. Sorokin）最先在原有的社会伦理系（the Department of Social Ethics）

[①]　这一科系的设置过程参见张弛：《帕森斯和哈佛大学社会学系》，载陈恒主编《新史学·第十一辑：职业历史学家与大众历史学家》，郑州：大象出版社，2013年，第259—274页。P. L. Schmidt, *Towards a History of the Department of Social Relations: Harvard University, 1946-1972*, Unpublished Honors Thesis, Harvard College, 1978.

的基础上组建。事实上，社会伦理系回应了美国19世纪后半叶的基督教"社会福音运动"（the Social Gospel Movement），对美国社会在工业化和城市化过程中所出现的种种社会问题做出了具有浓重宗教色彩和道德说教性质的解读，其课程设置与综合大学的世俗化发展趋向并不完全合拍。同时，哈佛大学还存在一个专门培养社会工作者的学院，即由来自于约翰·霍普金斯大学的杰弗里·布拉凯特（Jeffrey R. Brackett）组建的社会工作者学院（the School of Social Workers）。这两个机构都不能令哈佛大学的校董会完全满意，校方试图重新规划学科版图。新组建的社会学系招兵买马，吸收了一些外校和外系背景各异的学者。

帕森斯于1927年从德国海德堡大学学成归国，曾在哈佛大学经济学系任讲师，于1931年正式转入社会学系。但帕森斯与索罗金的路数并不一致，两人关系并不亲密，不甚和谐，反倒有一种分庭抗礼的意思。由于索罗金并不热心行政事务，社会学系并未出现一种极具凝聚力和整合性的新面貌。1942年，索罗金请辞系主任一职，最终获批。帕森斯接手后开始展开轰轰烈烈地改组计划：他向当时的校长詹姆斯·康乃特（James Conant）提出建议，要组建一个"超级"系（a super department），在多学科合作的基础上服务于国家。

1943年，帕森斯联合人类学家克拉德·克拉克洪（Clyde Cluckhohn）与另外三位心理学家组成一个五人临时委员会，评估哈佛校内社会科学各科系的课程设置和行政合作，并向哈佛大学文理教授会（the Faculty of Arts and Sciences）主席提交了一份名为《哈佛社会科学重组》（Reorganization of the Social Sciences at Harvard）的报告，强调了社会学、心理学和人类学的整合，认为这三个学科都是分析社会关系中的人的行动的基础性学科，由此整合出来的"基础社会科学"（Basic Social Science，简称BSS）会为历史学和政治经济学提供研究的基础。[①]1946年1月29日文理教师会全票通过了该动议，成立了一个跨学科性质的机构"社会关系系"。可以说这一机构的设立直接体现了帕森斯对社会学研究应当积极入世的立场，并贯彻了他追求总体性综合理论的目标。他带着激情和使命感一改索罗金在行政能力上的松散作风，让这一机构成为美国学术生活的中心舞台。帕森斯曾在一封写给同僚的信中野心勃勃地说："一场伟大的科学革命正在快速聚集能量。我以自己所有的职业声望担保，这必将是当代科学思想中最伟大的运动。"[②]帕森斯在这场运动中所主张的核心观点就是：社会学作为研究人的行动的科学具有基础性和中心性的地位，学者们应当建立起一种一般的、普适的理论，能够高屋建瓴地统合起多个学科，为自由主义的价值观摇旗呐喊。简言之，学者们需要一种具有广泛适用性的抽象的"超级"理论，无所不包，解释一切。

"社会关系系"具有强烈的帕森斯烙印，由帕森斯所主导，曾在20世纪中叶让哈佛大学成为美国社会学研究的中心阵地，并形成了哈佛学

---

① 帕森斯认为：BSS是普适性的，是不会随着时间变量而发生变化的，因此BSS是非历史的；而历史学、经济学和政治学则是对时间轴上的变化极为敏感的，因此是历史性的。BBS是纯理论性的。

② 原句出自信札 *Talcott Parsons to Paul H.Buck*, April 3,1944. 转引自 Nils Gilman, *Mandarins of the Future: Modernization Theory in Cold War America*, Baltimore: John Hopkins University Press, 2003, p.78. 此句引文中译文引自：张弛，《帕森斯和哈佛大学社会学系》，载陈恒主编《新史学·第十一辑：职业历史学家与大众历史学家》，郑州：大象出版社，2013年，第270页。

派。①但它并未一直延续下来，随着帕森斯学术巅峰时代的终结，这一科系红火了二十余年，最终也难逃曲终人散的命运。社会学家哈里森·怀特（Harrison White）在1970年将社会学系从中独立出来。②1972年"社会关系系"正式解散，1973年帕森斯退休。20世纪70年代，"象牙塔"中出现了一股新风气。这股新风气不仅吹倒了社会关系系，也催生出一个新型交叉学科的登台。

二、学术圈内的门派与争斗

帕森斯的学术地位，应一时之需，红极一时。但同时也暴露出了问题，为其反对派留出了目标明确的射击靶点。赖特·米尔斯曾指出："'派系'（cliques）、'大佬'（personalities）、'学派'（schools）的整体情况……对于塑造社会科学发展态势发挥着重要作用，值得引起我们更多的警醒。""学院派系的功用不但在于调控竞争，还在于确立竞争规则，

---

① 1875年，威廉·格雷厄姆·萨姆纳（William Graham Sumner）在耶鲁大学首开"社会学"课程，但真正形成学派的则只有三所大学，分别是：20世纪20—30年代，以城市生态学研究让美国的社会学采取了一种实证主义导向的芝加哥大学；20世纪中叶，帕森斯坐镇的哈佛大学；略晚一点，由罗伯特·K.莫顿和保罗·拉扎斯菲尔德（Paul Lazarsfeld）以"中层理论"为共同信念的哥伦比亚大学。这三所大学都曾以各自的风格主导了美国的社会学研究。一直到20世纪70—80年代，随着计算机技术的发展，大规模问卷调查和统计手段让一些公立大学（如威斯康星大学、加州大学伯克利分校、密歇根大学和北卡罗来纳大学等）异军突起，占据了社会学的主流地位。参见李钧鹏：《新哥伦比亚学派？》，《读书》2011年第7期，第61页。

② 哈里森·怀特有麻省理工学院物理学博士的学科背景，是美国最早的一批数理社会学家，开创了社会网络研究。他被称为社会学界1963年"哈佛革命"的领军人物，以社会"关系论"取代了帕森斯的"功能论"。怀特认为，社会结构是个人、群体和角色之间的关系网络。个人作为社会关系的总和，其态度和行为受到了社会关系网络的制约，因此要强调社会网络分析（social network analysis）；而帕森斯认为，社会如同一个生命有机体，是由相互依存的各部分构成的整体系统，其中每个部门的存在都是为了维持社会的稳定，发挥特定的功能。分化和互赖是功能论的核心概念。

并随时依照这些规则为所作的工作分配酬报。"[1]处于主导地位的学术流派会形成一种学术界的气氛，进而对研究群体的整体风格发挥潜移默化的导向作用，同时也借助学术体制上的资源分配来加剧一种"党同伐异"的现实效果，各类学者纷纷划定自己的山头，研究越发专业、精深、细琐，甚至是割裂化和碎片化，并被某种单一的风格所辖制。此处列举两例。

第一例，试图说明师承关系和研究路数会直接影响青年学者在主流学界中的生存境遇。1958年，哈佛大学社会关系系的两位博士生尼尔·斯梅尔塞（Neil Smelser）和查尔斯·蒂利（Charles Tilly）同年毕业，但却面临不同的求职境遇。[2]前者是帕森斯的得意门生，本科毕业于哈佛大学的社会关系系，然后以罗德学者的身份在英国牛津大学取得硕士学位，1954年他返回哈佛继续攻读博士学位，并在读博第一年就有幸与其导师合作名著，共同撰写了《经济与社会》[3]一书。斯梅尔塞仅用四年就顺利取得博士学位，并在1959年成功入职美西名校加州大学伯克利分校。两年之后，年仅31岁的他成为业内最重要的学术刊物《美国社会学评论》最年轻的编辑，并于1962年32岁时，晋升为社会学正教授，轻而易举地完成了一个青年学者的全部奋斗历程。

---

① 〔美〕C.赖特·米尔斯：《社会学的想象力》，李康译，北京：北京师范大学出版社，2018年，第149页。

② 斯梅尔塞和蒂利之间的对比受到了如下这篇文章的启发：William H. Sewell, Jr., "Early Tilly: The Vendée and Historical Social Science", p.1. 此文是提交 *Contention, Change, and Explanation: A Conference in Honor of Charles Tilly* 的会议论文，网络链接：http://www.ssrc.org/hirschman/content/2008/texts/Sewell.pdf，下载时间2011年12月。

③ Talcott Parsons & Neil J. Smelser, *Economy and Society: A Study in the Integration of Economic and Social Theory*, New York: Free Press, 1956. 20世纪80年代，"20世纪文库"曾出中译本〔美〕帕森斯，斯梅尔瑟：《经济与社会》，刘进等译，北京：华夏出版社，1989年。

与斯梅尔塞具有相似求学经历的查尔斯·蒂利的学术之路并不如此顺遂。他本科时进入哈佛大学的社会关系系,却受到了抵触帕森斯那一套的几位导师的影响。蒂利说他本人受到了政治学家塞缪尔·比尔(Samuel H. Beer)①、社会学家索罗金,具有历史学色彩的巴林顿·摩尔和倡导行为科学与理性选择理论的乔治·霍曼斯(George Caspar Homans)等人的影响,在蒂利看来,这种"奇妙的教师组合","把比尔、索罗金、摩尔和霍曼斯结合在一起,他们每个人都以自己的方式合法化了对当代理论问题的社会学分析和历史学分析的交集。预示着你不必像塔尔科特·帕森斯那样做一个社会学家"②。这四位中的后两位后来成为蒂利的博士论文导师。蒂利也曾到访欧洲,因他对法国大革命感兴趣,所以他一头扎进了法国的历史档案馆,并把一个历史的题目作为了自己申请社会学学位的选题。他的博士论文《旺代叛乱》出版时,他也在扉页上写明要把此书献给索罗金。蒂利毕业后并没有斯梅尔塞的好运气,没能一步迈入名校。他先是去了并不出名的特拉华大学,然后转战加拿大多伦多大学,直到1969年才进入社会学界的重镇之一、位于安娜堡的密歇根大学。而在密歇根大学,除了社会学教授的头衔以外,蒂利还曾于1969—1984年间被授予历史学教授的头衔——蒂利比斯梅尔塞多用了十余年的时间,才日渐凭其实力获得了主流社会学界的认可。

---

① 塞缪尔·比尔,具有英国牛津大学的历史学硕士学位,后于哈佛大学获得政治学博士学位。曾长期在哈佛大学主讲涉及欧洲史和欧洲革命的课程。查尔斯·蒂利和西达·斯考切波都曾受教于他。蒂利甚至把自己的《大结构、大进程和大比较》一书献给了塞缪尔·比尔。

② Bruce M. Stave, "A Conversation with Charles Tilly: Urban History and Urban Sociology", *Journal of Urban History*, Vol.24, No2, Jan, 1998, pp.188-189.

第一例中，青年学者的机遇差异往往是微妙的、隐性的，甚至有些运气的成分。而第二例，却可以在公开发表的学术成果中，同样能闻出同侪间争锋的火药味来。

1961年，在一篇向英国学术界推介美国社会学的文章中，年少成名的学术翘楚、帕森斯的得意门生李普塞特（Seymour Martin Lipset）和斯梅尔塞以轻蔑的语气对赖特·米尔斯做出了评价："［米尔斯先生］在当代美国社会学界无足轻重，虽然其著作在学术圈外颇为畅销，并在某些政治圈子里广为传阅。……由于占据了大众和商业媒体的重要发言平台，他影响了圈外人士对社会学的印象。他是在美国头号评论媒体《纽约时报书评》上对学界同行做出最多点评的社会学家。"[1]这段话说得并不友善，明显让人感觉有种"酸葡萄心理"从中作祟。事实上，米尔斯的影响是不容小觑的，1997年国际社会学会在评选20世纪最具影响力的社会学著述时，他的《社会学的想象力》位列第二，仅次于马克斯·韦伯的《经济与社会：理解社会学纲要》。而米尔斯在《社会学的想象力》一书中，开篇就直接抨击了帕森斯。

米尔斯以帕森斯《社会系统》为其所批评的"宏大理论"的典型案例，"所谓'宏大理论'，也就是概念与概念之间的组合与拆解"，"事实上，它不那么容易理解，人们甚至怀疑它根本就不可理解"，"还有些人并不宣称理解，却非常喜欢宏大理论，这类人还不少。对他们来说，它是一座令人惊叹的迷宫；并且正因为时常令人眼花缭乱，难以索解，

---

① 〔美〕C.赖特·米尔斯：《社会学的想象力》，李康译，北京：北京师范大学出版社，2018年，总序第1页。

它才充满魅力"①。虽然《社会系统》是用英文写的，但米尔斯还不无讽刺地要把此书中的部分内容"转译"成英文，用他的话说："我将努力从有关词汇的界定中，从有关词汇关系叠床架屋的界定当中，筛选出有实质内容的陈述。"②帕森斯的语言的确并不平实，哈佛大学社会关系系的研究生曾戏称这种佶屈聱牙、晦涩难懂的"帕森斯语"（Parsonese）是其通过博士资格考试的一门"外语"，且据说身为英文教授的帕森斯的父亲也拒绝儿子在著作中向自己致敬。

斯梅尔塞和李普塞特在帕森斯与米尔斯的争论中都站在了帕森斯一边。斯梅尔塞1959年出版的《社会变迁与工业革命》一书，副标题是"理论的一种运用"，该书的公开目的就是要"证明结构功能主义研究方法在历史分析中的实用价值"。他不断试图充实"理论空匣"，丹尼斯·史密斯评价说："斯梅尔塞的成就在于多少有点言之成理地依据他的结构分化的七步模式编排了大量的历史资料。"这一做法表面上是在力挺帕森斯，但在实际效果上却是蹭了帕森斯这位学术权威的热度，以为自己背书帕森斯理论的声望被当成一种工具，来确证了斯梅尔塞的历史性分析方法。③李普塞特于1963年出版的著作《第一个新国家》也是在结构功能主义的框架下完成的。无疑，"站队"对青年学者的快速成名是重要的。当然，人际关系上的派系之争，根本上还是源于不同学者群在学术立场上的分歧和不协。

---

① 〔美〕C. 赖特·米尔斯：《社会学的想象力》，李康译，北京：北京师范大学出版社，2018年，总序第35页。

② 〔美〕C. 赖特·米尔斯：《社会学的想象力》，李康译，北京：北京师范大学出版社，2018年，第37页。

③ 〔英〕丹尼斯·史密斯：《历史社会学的兴起》，周辉荣等译，刘北成校，上海：上海人民出版社，2000年，第19—22页。

三、历史的视角对结构功能论的抗辩

社会科学家们的结构性思维最大的问题所在就在于静态解释的思维定式限制了他们对时间的关注，使他们难以对动态的流变做出有效解释。任何内在因果规律都会随着时间流逝发生突变、转型，它们也有自己的历史，而非一成不变的精准复现。社会科学家们看重对规律的理论归纳，却缺乏历史意识去观察那些与规律不符的反常。中国学者郭台辉总结指出："较之于德、法、英等早发国家的社会科学而言，美国社会科学的学科分化程度最严重，最缺乏历史意识。但反讽的是，转向历史的制度化和组织化程度却最高，集中表现为作为社会学子学科的'历史社会学'。"[1]这也许有种物极必反的意味。郭台辉试图说明：正是因为美国社会学界过度受到了帕森斯一般理论的影响，强调构建一种宏大的、普适理论，才使得美国的社会科学过于专业化，特别是社会学过于封闭化，造成了美国学界和欧洲学界的背景差异。这一判断也得到了从英国转赴美国任教的著名历史社会学家迈克尔·曼的认可，曼认为："欧美社会学之间最大的差异就在于美国社会学的规模大得多，所以它特别支持许多专业化的细致分工。……靠这个学科谋生的人非常多，因为还有更多的学者正在关注当代美国社会面临的微小问题，或者说，美国大多数的社会学者都在做一些微不足道的工作。"[2]正是因为帕森斯的存在以及现代化理论在美国的如日中天，美国的历史社会学在20世纪中

---

[1] 郭台辉编著：《历史社会学的技艺：名家访谈录》，天津：天津人民出版社，2018年，导言第8页。

[2] 郭台辉编著：《历史社会学的技艺：名家访谈录》，天津：天津人民出版社，2018年，第68页。

叶获得了一种独特的学术成长的土壤，使之具有一种高度的凝聚力和共识感。作为一个招摇的靶子，帕森斯为那些处于边缘地位的学者们找到了一个共同针对的目标，也使他们高调地结成了一个团体，形成了一个学派。

帕森斯在哈佛大学的同事中间，有一个小群体，在20世纪60年代形成了一场小规模的知识运动，他们致力于抵制帕森斯所主导的系统论与结构功能论的社会学，坚持了一种"历史化的视角"（historicizing perspective）。他们认为，"帕森斯范式"是一种有违于历史本真、忽略历史情境的空洞的公式，无法解释历史现象在时间轴上的瞬息万变，因此他是反历史的（ahistorical）。[①]这派学者包括：开创宏观历史比较研究的巴林顿·摩尔，从事文明史研究的皮特里姆·索罗金，引用社会学方法来解析历史事件的乔治·霍曼斯。这个小群体还直接培养了两名更为年轻的健将以研究法国革命以及大革命中的重要事件"旺代叛乱"（法文 Guerre de Vendée，英文 Vendean Rebellion）而一举成名的查尔斯·蒂利和因《国家与社会革命》一书而享有盛誉的西达·斯考切波。正是这些人见证了"社会关系系"的解体，他们都是"超级"理论的反对者，他们默默地达成了共识，一起致力于降低理论的抽象性、收窄理论的适用度，寻求一种更贴合实际的中观层次的理论（theories of the middle range）建构。

在20世纪70年代，呼应美国国内政治的现实，社会学中的社会运

---

① 对二战后美国现代化和发展研究中的非历史主义的讨论参见牛可：《历史对发展意味着什么？》，《现代化研究》第1辑（创刊号），商务印书馆，2002年。

动研究更是获得了长足的发展。其中，政治社会学家西德尼·塔罗（Sidney Tarrow）与查尔斯·蒂利和道格·迈克亚当（Doug McAdam）并称为"三驾马车"，他曾在接受采访时指出：他自己受到了社会学家罗伯特·金·莫顿（Robert King Merton）的影响，"中层理论"是自己"最感到舒适的理论，因为它是以演绎与归纳方法相结合为基础的"。塔罗并不认同美国社会学史中的帕森斯传统，因为"帕森斯可能是一位纯粹的演绎理论家，他追求具有普遍解释力的法则。帕森斯的研究已经不受欢迎了，因为没有人可以把他的理论与任何具体的社会现象联系起来"。塔罗认为他本人更多受到了查尔斯·蒂利和意大利马派思想家安东尼奥·葛兰西（Antonio Gramsci）的影响。[①]事实上，从塔罗的话中可以看出美国社会科学的一个症结所在，而这一症结又被嵌入在美国社会科学的形成过程之中。多萝茜·罗斯指出，"对于国内外的批评者来说"，美国社会科学的民族性起源造就了"无关历史的、科学的美国社会科学，使其缺乏对历史差异性和复杂性的重视"。"它的显著特点在于借鉴自然科学而非历史科学建立，并嵌入典型的自由个人主义的意识形态中。"罗斯继续写道，"历史学可以使我们获得一种对历史经验的批判性理解，并使我们可以去改变塑造这些历史经验的社会结构。相反，20世纪美国社会科学中主流的社会模型则主张用一个假定先在的自然过程去理解历史。在这里，社会世界是由对自然刺激做出反应的个体行为构成的，……我们被导向了对自然进行量化的、技术性的操控，并对美国社会持一种理想化的自由主义想

---

① 郭台辉编著：《历史社会学的技艺：名家访谈录》，天津：天津人民出版社，2018年，第57，50页。

象。"①但"当理想照进现实",同一时期,美国国内社会风起云涌的种种社会抗议和集体行动直接拷问了理论建构和现实情境的脱节,这也引发了"象牙塔"内的质疑之声。

帕森斯的结构功能论只是在20世纪40—70年代昙花一现,其所激发出来的反对之声呼吁学者们日益关注理论与现实之间的对接。为解决这一对接的要求,出现了两种趋势。一是进一步扩大学科综合的范围,即从帕森斯的社会学、人类学和心理学的综合走向与更多体现时间变化的学科(如历史学、政治学等)的综合。帕森斯以"社会关系"为架构的学科综合是以分析静态社会行为为中心的一种综合,他所考虑的是一种在纵截面上所截取的社会结构中的人的行为;而具有历史学视野的挑战者们则强调应当在时间轴上观察和比较不同纵截面上的变化,进而观察社会结构和身处其中的人的协同共变,社会学内部出现了"历史转向",时间变量获得了应有的重视。二是一般理论日渐被中层理论所取代,莫顿直接挑战了帕森斯的结构功能论。在莫顿看来,"中层理论既非日常研究中多如牛毛的琐屑但必要的初步假设,也不是……解释一切被观察到的社会行为、社会组织和社会变迁的统揽一切的综合性理论,而是介于这两者之间的理论",社会学家应当"发展适用于有限概念范畴的特定理论",且能经得起经验验证。在处理微观问题和宏观问题的关联时,避免化约性(reducibility)的解释,承认历史本身的多变和偶然,争取降低理论解释的层次,使之能更好地契

---

① 〔美〕多萝茜·罗斯:《美国社会科学的起源》,王楠、刘阳、吴莹译,北京:生活·读书·新知三联书店,2019年,第3—4页。

合于特定范围的经验实例。[①]

　　成也萧何，败也萧何。帕森斯成就了一个时代，让社会学在美国的社会科学中熠熠生辉；但他也露出了马脚，让他自己成为众矢之的，暴露出了美国社会学中所隐含的问题，而这一问题的出现又与美国的社会科学史紧密联系。可以说，正是美国版的社会科学的独特发展历程，使之过度倾向于科学主义，以至于对历史主义的欧陆传统表现出了一种肤浅的认知。过度强调规律、强调理论总结、强调相似初始条件下发展态势的可重复性、使用标准化的分析变量，将社会生活理解为一种如机械运动般精准可测的自然过程，并表现出了一种强烈的结构主义的立场，这种深层次的认知框架如同给学者们穿上了一件"紧身衣"，束缚了他们的手脚。丹尼斯·史密斯在《历史社会学的兴起》一书的开篇，就指出："就其精髓而言，历史社会学是理性的、批判的和富于想象力的。"[②]可以说"批判性"和"想象力"是解读这一分支学科的两个关键词。"批判性"意味着打破并挣脱既有的认知限定，"想象力"意味着跨出框定的架构，有所超越。美国的历史社会学最先源自社会学内部的部分学者对历史学研究方法的重视与引入，他们在赖特·米尔斯《社会学的想象力》的启发之下，开始关注时序性（temporality），并将时空差异放入到社会学模型中加以考虑，思考在结构主义解释之下的因果联系在时间轴

---

　　① 罗伯特·诺顿对中层理论的表述参见：Robert K. Merton, "On Sociological Theories of the Middle Range", in *Robert K. Merton, Social Theory and Social Structure* (Enlarged Edition), New York: Free Press, 1968, pp.39-51. 中译本见〔美〕罗伯特·K. 默顿：《社会理论与社会结构》，唐少杰、齐心译，南京：译林出版社，2006年。

　　② 〔英〕丹尼斯·史密斯：《历史社会学的兴起》，周辉荣、井建斌等译，刘北成校，上海：上海人民出版社，2000年，第1页。

上到底会有怎样的变化。横向结构分析和纵向历史叙事的结合，是历史社会学家们所追求的理想状态。他们对静态结构分析表达了轻蔑，更对科学的确定性表达了怀疑，他们力图有所突破，而其起点，就是采取跨学科的视野，在消解学科壁垒的过程中，直击一个关键问题：强调时间变量和承认不确定性的历史学如何冲击了战后美国的社会科学的发展？换言之，历史学何以能够令美国社会科学中的翘楚社会学有所改变？

第三章

学科壁垒的消解

作为古典社会学的奠基人，德国社会科学巨擘马克斯·韦伯曾被20世纪中叶以后的美国历史社会学家们奉为精神上的欧洲先祖。历史社会学家们一再强调他们所做的工作只是在复活一种古老的传统。然而，这种内容丰富的传统在美国曾一度被帕森斯误读并遮蔽了。美国的社会学在自立门派之时，帕森斯垄断了对韦伯的解读，并将韦伯思想的复杂性做了简单化的处理。同样，美国的历史学在实现学科化的时候，他们口头宣称的兰克传统却也是经过改版和简化的。美国史家过度强调了对史实之"客观性"的单一寻求，却并不对兰克的新教宗教情怀和兰克的爱国热忱与民族主义情感做过多评论。换言之，在20世纪的美国，无论是社会学家还是历史学家，虽然他们均自我宣称继承了19世纪的德国学术传统，但事实上他们都没能真正吃透原版传统的精神内核，而是对其做出了一种实用主义的改编，使之成为美国版的新学科。美国人更多受到了一种科学主义的洗脑，而并未真正领悟贯穿于德国思想界中的历史主义。

历史社会学在20世纪后半叶的美国之所以会异军突起，也与同一时期美国学界学科精分，日渐专业化的历史趋势相呼应。作为交叉学科，历史社会学的出现也反映了传统意义上的社会学和历史学两个学科自身的发展流变。概括之，后文的逻辑线索是：在美国社会学专业化的历程中，帕森斯误读了韦伯；在美国历史学专业化的历程中，美国史家误读了兰克。两种误读造成了美国社会科学中历史意识的匮乏，而为了纠正这一偏颇，历史社会学最先引发了一场美国学术界的"历史转向"，试图冲击学科壁垒，思考学科专业化所带来的种种弊端。

一、从社会学史看历史社会学的兴起

1917年11月，韦伯受德国自由学生联盟巴伐利亚分会的邀请在慕尼黑的斯坦尼克艺术厅发表了一场名为"科学作为天职"的演说。这场演说讨论了德国高等教育在体制上愈发专业化的问题，同时，他也谈道：学术研究日渐具有职业分工的特性，脑力劳动变成了一种谋生手段。因而，为了在"吞噬一切的巨大机器"中求生存，学者们掌握的知识越发精微、专门、细琐，以至于脱离日常生活。他们有种过度迷恋和推崇科学的嫌疑。韦伯比较了德国大学"编外讲师"和美国大学"研究助理"的体制设置，认为德国的境况正在向美国靠拢。"近来，我们可以明显地观察到，德国大学体制，在一般而言的科学领域，都在向着美国体制的方向发展。"[1] "美国人对站在他面前的老师是这样想的：我爸爸掏了钱，所以他就得把自己的知识和方法卖给我，这和卖菜的卖给我妈大白菜没什么分别。"[2] "没有一个美国年轻人会指望从老师那儿买到一种叫作'世界观'的东西，或者一套规定自己生活之道的堪称典范的行为规范。"[3]

---

① 〔德〕马克斯·韦伯：《科学作为天职》，〔德〕马克斯·韦伯等著：《科学作为天职：韦伯与我们时代的命运》，李猛编，李康译，北京：生活·读书·新知三联书店，2018年，第6页。

② 〔德〕马克斯·韦伯：《科学作为天职》，〔德〕马克斯·韦伯等著：《科学作为天职：韦伯与我们时代的命运》，李猛编，李康译，北京：生活·读书·新知三联书店，2018年，第36—37页。

③ 〔德〕马克斯·韦伯：《科学作为天职》，〔德〕马克斯·韦伯等著：《科学作为天职：韦伯与我们时代的命运》，李猛编，李康译，北京：生活·读书·新知三联书店，2018年，第37页。

在韦伯眼中"这是一种资本主义的、官僚化的经营活动",这种发展与德国大学历史上的传统气氛并不一致。以至于"学术生活就是一场疯狂的赌博"①。通过科学和科学所带来的技术实现,人们一直经历着理性化的过程。但科学对实践中的日常生活,究竟意味着什么呢?韦伯说,在今天的青年人眼里:"科学的思想图景是通过人为抽象建立的一个彼岸王国,这一抽象凭着自己瘦骨嶙峋的双手,企图把握血肉饱满的真实生活,却从未成功地捕捉到它。"②他自问自答:"究竟什么是科学作为一种天职的意义呢?对此,托尔斯泰已经给出了最简单的答案:'它是没有意义的。因为对于我们来说唯一重要的问题就是:我们应该做什么?我们应该怎样生活?'而科学并不能回答这个问题。"③韦伯回顾了科学史,认为:古希腊时期出现了科学认识的第一个工具"概念",文艺复兴时期出现了科学工作得以展开的第二个重大工具,即"理性的实验","凭借这一手段,人们可以对经验进行可靠的控制"④。到了现代社会,贯穿于"世界的除魔(Entzauberung der Welt)"⑤过程始终的"进步"假定,进一步强化了人们"幼稚的乐观主义",错误地"相信以科学为基础的技

① 〔德〕马克斯·韦伯:《科学作为天职》,〔德〕马克斯·韦伯等著:《科学作为天职:韦伯与我们时代的命运》,李猛编,李康译,北京:生活·读书·新知三联书店,2018年,第11页。

② 〔德〕马克斯·韦伯:《科学作为天职》,〔德〕马克斯·韦伯等著:《科学作为天职:韦伯与我们时代的命运》,李猛编,李康译,北京:生活·读书·新知三联书店,2018年,第22页。

③ 〔德〕马克斯·韦伯:《科学作为天职》,〔德〕马克斯·韦伯等著:《科学作为天职:韦伯与我们时代的命运》,李猛编,李康译,北京:生活·读书·新知三联书店,2018年,第26页。

④ 〔德〕马克斯·韦伯:《科学作为天职》,〔德〕马克斯·韦伯等著:《科学作为天职:韦伯与我们时代的命运》,李猛编,李康译,北京:生活·读书·新知三联书店,2018年,第22—23页。

⑤ 这一术语在社会学界更常被翻译成"祛魅"。

术，能够支配我们的生活，赞美科学是通向幸福之路"①。而这种认定科学必将会把人类社会引上进步之路的乐观假定问题重重，因为这种来自启蒙运动的科学技术至上论导致人们认为科学的认知和精确的知识必然是正确无误，于人有益的。因此学者们执迷于知识的分类和学科化的建制（大约从19世纪80年代到第一次世界大战期间）。

韦伯的这番表述，后来引发了一场德国学术界的大讨论，一批欧洲学者纷纷做出反思和发问：这种过度强调知识分类，划定研究疆界，在研究中只做纯技术处理，要求研究对象能够精准可测，研究结论能够重复验证的"科学"的方法到底在多大程度上能与真实复杂的现实生活对接呢？隔绝于"主街"，在"象牙塔"中展开的对普适规律的抽象和提炼到底在多大程度上来自于知识过度细分后的"错觉"和"盲目"呢？过于技术理性的科学精神是否缺乏伦理价值和对人性的体恤呢？"划分学科界限彻底改变了18世纪末到19世纪初的那种理想化的知识界图景。"②"从这场争论可以看出，洪堡一代在建立德国大学时倡导的自由'教化'（Bildung）的精神理想，处在专业化的职业要求与民族国家的精神使命的双重压力下，面临日益加剧的紧张与难以避免的分裂。"③如果科学是"价值无涉的"，"客观中立的"，且科学所累积出的知识会不断

---

① 〔德〕马克斯·韦伯：《科学作为天职》，〔德〕马克斯·韦伯等著：《科学作为天职：韦伯与我们时代的命运》，李猛编，李康译，北京：生活·读书·新知三联书店，2018年，第26页。

② 〔美〕小威廉·H.休厄尔著：《历史的逻辑：社会理论与社会转型》，朱联璧、费滢译，上海：上海人民出版社，2012年，第2页。

③ 〔德〕马克斯·韦伯等著：《科学作为天职：韦伯与我们时代的命运》，李猛编，北京：生活·读书·新知三联书店，2018年，第Ⅵ页。

被超越，不断呈现进步的态势，那么它本身就有一种超越于时代、超越于日常生活经验，超越于个体历史行动者私人感受的普世、恒久的内在理性。这事实上判定了人时时刻刻都只受固有理性的支配，这种"理性人假设"在现实面前总是不堪一击，因为人性是如此狡猾，多变，而承载人性变化的时间载体——历史，更是如此。

20世纪20年代，韦伯所引发的这场德国知识界的讨论最终给人呈现出一种冷峻的印象，用卡勒儿的话说："韦伯认为，科学不允许也不可能进行价值判断。"[1]但事实上，韦伯还有一层意思，就是科学不只是纯粹的事实和知识，不仅仅服务于人的低级需要，即人对技术进步的要求，科学还需要"通向真正生活之道"，"投入我们的工作，无论为一个人，还是一项天职，达到'日常的要求'"[2]，这本应是科学的真正天职。

在魏玛共和国时期（1918－1933年），德意志知识界的反美情绪达到了高潮。德意志学者认为：以"泰勒制"和"福特制"为核心的美国机器文明作为现代工业社会的驱动性力量事实上正在摧毁真实的人性，造成了人性的异化。德国人认为他们自己的传统文化正在受到美国工商业文化的入侵，而美国的消费文化和大众娱乐更是毒害了青年的思想，塑造了一堆肤浅、浮躁、注重享乐，缺乏个性、千人一面的"大众人"。以功利主义的理性化为特点的美国主义事实上正在以现代社会的同质化来摧毁传统社会的丰富性和异质性。美国的现代化进程是没有灵魂的，

---

① 〔德〕马克斯·韦伯等著：《科学作为天职：韦伯与我们时代的命运》，李猛编，北京：生活·读书·新知三联书店，2018年，第58页。

② 〔德〕马克斯·韦伯等著：《科学作为天职：韦伯与我们时代的命运》，李猛编，北京：生活·读书·新知三联书店，2018年，第46页。

纯物质主义的，头脑简单的。[①]同样，美国知识界自诩美国是"闪闪发光的海外胜利者"和"充满无限可能的国度"，这种浮躁且具自吹自擂嫌疑的自信同样也来自他们对深沉、复杂、承载时代使命和具备深厚历史觉知的欧洲思想的浅薄认知。一知半解，自然会留有后患，并造成德意志知识界和美国知识界的隔膜，双方曾经一度自说自话，各行其是。

韦伯思想的复杂性到了美国变得简单、易读，甚至片面。德国学者彼得·瓦格纳曾指出，"'经典'社会学，除了是一项科学规划，也是一项政治规划"，"在两次世界大战期间，这个'经典'时期的主要思想规划，几乎已被彻底舍弃。第二次世界大战后的'现代'社会学，作为一项思想事业，已经在本质上不同于'经典'社会学"[②]。这之间存在着一种"断裂"。韦伯作为德国历史学派的继承人之一，他和许多德国学者起初都认为以"社会"为研究对象的"科学"不应完全等同于以"自然"为研究对象的"科学"，甚至有学者将前者冠之以"国家科学"的名号，呼吁要从政治的、历史的角度予以研究。换言之，他们并不把社会看作是高度客体化的，被纯粹的规律所支配的研究对象，而是预留了足够的余地，容纳非理性因素和偶然性因素的存在。或者说，他们都更加"接地气儿"，趋近于日常生活层面的、真实实践层面的社会互动，并不一味追求力求解释一

---

① 20世纪初、尤其是魏玛共和国时期，德意志知识分子的反美情绪参见：《"美国主义"与文化批评——魏玛德国文化批评运动浅析》，载李工真著：《德意志现代化进程与德意志知识界》，北京：商务印书馆，2017年，第236—254页。王晓德著：《文化的他者：欧洲反美主义的历史考察》，北京：中国社会科学出版社，2017年，第240—274页，其第四章"机器文明的威胁：欧洲人的抨击与抵制"中的"美国'合理化'管理方式在欧洲的传播"和"'美国化'的加剧与欧洲人的抵制"两节。

② 〔德〕彼得·瓦格纳：《并非一切坚固的东西都烟消云散了：社会科学的历史与理论一探》，李康译，北京：北京大学出版社，2011年，第10页。

切的抽象概括。这种作风正是20世纪中叶以后的美国历史社会学家所要找回来的一种传统。西达·斯考切波称历史社会学家们为"过去学术方式的孤独的传承者"，正是他们的存在，在提醒陷入专业网格中的社会学家们要"更为看重……令人尊敬的过去，而不是事关重要的今天和未来"[①]，学者们应当深入当下的表层去反观层累堆积出来的厚重的过去。这一立场同帕森斯结构功能论的尖锐对立，使得这种"复归传统"，"结束冬眠"的要求在美国学界表现得格外迫切且引人注目。

"帕森斯及其伙伴对20世纪40年代到70年代早期的社会学理论阐述产生了强烈影响，起始是在美国，后来扩散到欧洲和拉美。他们利用各种机会，透过有关社会科学的核心陈述宣扬自己的思路，比如分别于1934年和1968年问世的两版国际百科全书。在这两部工具书中，表述的重点都放在设定'社会'是社会学研究的核心客体对象上"，这种策略的益处之一就是"赋予社会学某种持恒存在的客体对象"[②]。然而，帕森斯的反叛者查尔斯·蒂利在1984年出版的理论讨论的小册子《大结构、大进程、大比较》一书中用两章的篇幅批评了由此所带来的错误的假定。他针对帕森斯及其学派，一共列举了八种"有害的假定"他说：

> 让我们丢弃如下种种观念，即：
>
> 社会是一种独立超然之物（society as a thing apart），各个社会是各种压倒一切的实体（societies as overarching entities）；

---

① 〔美〕西达·斯考切波，《历史社会学的新兴议题与研究策略》，载〔美〕西达·斯考切波编：《历史社会学的视野与方法》，封积文等译，上海：上海人民出版社，2007年，第373页。
② 〔德〕彼得·瓦格纳：《并非一切坚固的东西都烟消云散了：社会科学的历史与理论一探》，李康译，北京：北京大学出版社，2011年，第184—185页。

社会行为作为个体精神活动（mental events）的后果由社会所塑造，且这类精神活动成为个体和社会之间的连接；

社会变迁是一种单一、连贯的现象；

社会发展需要经历标准的各个阶段；

分化是社会变迁主要的、且不可避免的逻辑后果；

分化与整合之间的竞赛是有序和失序的根源所在；

作为一种广泛性的现象，失序自身源自快速社会变迁所带来的紧张态势；

有关强制、冲突和征用（expropriation）的合法形式与非法形式之间存在明显的分离。

近些年来，八种有害的假定早已站不住脚。[1]

如果深挖美国社会学在20世纪上半叶一度走偏的根源，其实法国实证主义社会学对美国学术界的影响难辞其咎。对自然科学的崇拜，对精准和确定性的执意寻求正是让美国社会学背离德国古典传统的一重重要原因。而这种执着，也来自一种极为现实的考虑和具功利色彩的需要：社会学迫切要从其他学科中分离出来，划定自身疆界，并宣称自己的学科足以够得上是一门科学。学科建制过程中的自我定义，反倒画地为牢，限制住了原有的生气。学者们陷入了一种迷信，他们普遍认定：趋近于自然科学的方法，提高专业门槛，走职业化道路，形成封闭的同行评议体制，强调本学科自身的独特性，这一切都可以让研究变得客观、公正、

---

[1]　Charles Tilly, *Big Structures, Large Processes, Huge Comparisons*, New York: Russell Sage Foundation, 1984, pp.17–18.

无私，价值无涉。但是，他们却忘记了社会科学的研究对象是活生生的人，以及各色人等所构成的充满活力、日新月异的社会共同体。他们的研究对象不是静止的，也不是理性的，更不是千人一面，而是千人千面的。不确定性，是历史的内在本质，是不容回避的一种真实境遇。

中国学者渠敬东曾在《返回历史视野，重塑社会学的想象力：中国近世变迁及经史研究的新传统》一文中指出：

> 社会学（sociology）之所以出现，也并非只因为专门辟出了一个领域，突显出"社会"（societas 或 social）这个 logos 的解释力，而在于要对以往的学问形态做一次彻底的清算，将观念与经验相结合，将现实与历史相结合，将制度与民情相结合，将国家建制与民族融合相结合，将今天强行划分开的所谓社会科学与人文科学相结合，从而奠定一种既有经验生命，又有精神传统的总体科学，开辟出一个世界历史可能的未来。不幸的是，在近三四十年里，从西方社会学研究的情状看，社会学逐渐丧失了她从前的志向和见识，沦入一种韦伯所说的既没了生身感受又丢了灵魂的漠然状态。[①]

事实上，历史社会学之所以会在20世纪后半叶的美国学术界出现，就是要对上一代社会学家背离古典传统做出一种批评并试图对其予以纠正。在面对时刻处于流变之中的研究对象时，历史社会学家们希望以历史主义的理论要素来纠正对实证主义的过度滥用。在美国学术思想中，

---

① 渠敬东：《返回历史视野，重塑社会学的想象力：中国近世变迁及经史研究的新传统》，《社会》2015年第1期，第2—3页。

实证主义要素的过度膨胀又需要在社会科学史中来加以考量。

二、从美国史学史透视美国社会科学史的特点①

查尔斯·蒂利在《大结构、大进程、大比较》一书中提出：20世纪上半叶的美国学术事实上一直背负着19世纪所遗留下来的"智识上的装备"。他曾打过一个比喻："19世纪为20世纪之社会科学所留下来的遗产就如同从富有姑妈那继承而来的一所老房子：陈旧，过度装潢，凌乱不堪，但又极有可能值得挽救。……但我们同样也将会有所摒弃，有所剥离。"②要理解20世纪中叶之后的美国历史社会学，就要首先理解它所反对的20世纪上半叶的美国社会科学界的氛围，而要理解20世纪上半叶美国学界的一些基本预设，就又需要在社会科学史中去回顾19世纪欧洲的学术思潮如何影响了美国的学术生活。

19世纪的欧洲学术思想出现了明显的国别分野。历史主义产自于德意志地区，实证主义产自于法兰西地区。英法两国的启蒙哲学中有一种自信满满的线性进步论色彩，这与德意志地区的浪漫主义所表现出来的

① 在这里，需要特别做出说明的是：如果按照自然科学、社会科学和人文科学的划分，那么历史学的位置往往被归为人文科学，或介于人文科学与社会科学之间。但20世纪的美国史学表现出了强烈的社会科学化的倾向，这与美国史学在学科独立时期所拣选的欧洲社会思潮有密切关系。本节意在揭示美国史学在发展过程中的国别特色，并进而指出：美国史学追求客观性的核心主旨事实上反映了美国社会科学的一种整体上的立场。由此，笔者认为：美国史学并非纯粹的人文学科，而是在美国的学术语境下，也应当被视为社会科学的一部分。多萝茜·罗斯在《美国社会科学的起源》一书中也指出，虽然她本人把讨论重点放在了经济学、政治学和社会学，但历史学、心理学和人类学"通常也被认为社会科学的一部分"。并且历史学在19世纪与政治学完全交叠在一起。美国的社会科学曾经有一种摆脱历史学的倾向，而正是这一倾向造成了20世纪中叶美国社会科学内部的自我反省（这构成了历史社会学兴起的理据），并在20世纪后半叶出现了"历史转向"，试图矫正曾经的偏离。

② Charles Tilly, *Big Structures, Large Processes, Huge Comparisons*, New York: Russell Sage Foundation, 1984, p.17.

"厚古薄今"风格构成了鲜明对比。而在19世纪末到20世纪初，美国作为后起的现代民族国家，在其现代大学制度建立之初，在其学术分科成型之时，照抄欧洲是其主要的渠道。当时，大批从欧洲归国的学者带回来了流行于欧洲的各种思潮。跨越大西洋，北美和欧洲的知识分子形成了一种不断传递思想的公共空间，"观念的旅行"变得越发频发。很多美国人去欧洲的古老大学镀金，然后带回他们对欧洲学派的个人化理解，在新建立起来的年轻稚幼的美国大学中谋取教职、占据岗位，确立他们对欧洲思想的权威解释权。

以美国历史学专业的发展为例，可以说一直到弗雷德里克·杰克逊·特纳（Fredrick Jackson Turner）开创"边疆学派"（Frontier Theory）之前，美国本土都没有什么拿得出手的美国人自己的历史学派。照搬欧洲是先前美国史家群体的惯用手法。美国史学起步甚晚，早期殖民地时期的美国史学并不独立，基本从属于"大英帝国史学"范畴。第一代清教徒史家多从新教的解释逻辑，戴着宗教眼镜来处理美国的历史，有强烈的预定论的色彩，"山巅之城"的灯塔假说赋予美国例外论以神圣的色彩。而在19世纪，美国变成了各类欧洲思潮的倾销市场和贩卖对象。德国浪漫主义、法国实证主义、英国社会达尔主义①都可以在美国找到它们各自的追随者和代言人。乔治·班克罗夫特（George Bancroft）被公认为是美国史学的奠基人。他在哈佛大学本科毕业后，曾远赴德国留学，在海德堡大学、哥廷根大学和柏林大学进修，深受德国思潮的影响，是美

---

① 英国学者彼得·狄肯斯（Peter Dickens）曾写过一本小册子，讨论生物学上的进化思想是如何一步步进入到社会理论中去的，他认为有三个重要主题需要加以考察，即"进步"，"目的论"和"发展的方向性"。〔英〕彼得·狄肯斯：《社会达尔文主义——将进化思想和社会理论联系起来》，涂骏译，长春：吉林人民出版社，2005年。

国版浪漫主义史家的代表。约翰·菲斯克（John Fiske）是美国种族主义史学的代表人物，他所倡导的"盎格鲁—撒克逊人优越论"受到了英国社会学家赫伯特·斯宾塞（Herbert Spencer）的庸俗进化论的强烈影响，他将美国独立战争解释为1688年英国光荣革命的精神延伸，并从种族论的角度解释北美早期的殖民争夺，认为英国人的胜出源于他们在人种上优越于西班牙人和法国人。他的这种解释也有强烈的实证主义的意味，试图将社会发展同生物有机体的自然演进做类比，直接推演出"物竞天择，适者生存"的逻辑。亨利·亚当斯（Henry Adams）在哈佛教书的时候，曾自掏腰包成立了一个专门研究盎格鲁—撒克逊时期的制度史的研究生班，查尔斯·比尔德也在1898年发表过一篇名为"种族的故事"的演讲，赞美"盎格鲁—撒克逊人……那个进步种族"①的光荣历程，并认为这一种族具有特定的历史使命，应当成为后进民族的引领者。

但美国学者在照搬的过程中也无法避免"走样"的危险。彼得·诺维克甚至说："美国历史学家依据他们对这些思潮的理解，而且，正如我们将要看到的，往往是依据错误的理解，确立了职业化史学思想的基础，并在美国形成了一种意识。"②美国人对列奥波德·冯·兰克的片面解读最能说明问题。从德国流亡美国的德裔美国学者格奥尔格·伊格尔斯曾写过一篇文章，名为《美国与德国历史思想中的兰克形象》，认为："兰克起了两种完全相反的作用：在美国，他只是部分地被人理解，却被当

---

① 〔美〕彼得·诺维克:《那高尚的梦想:"客观性问题"与美国历史学界》，杨豫译，北京:生活·读书·新知三联书店，2009年，第110页。

② 〔美〕彼得·诺维克:《那高尚的梦想:"客观性问题"与美国历史学界》，杨豫译，北京:生活·读书·新知三联书店，2009年，第27页。

作是一种本质上是实证主义路线的思想始祖；在德国，他却被当作是新唯心主义历史学家的一种灵感的源泉，新唯心主义历史学家是反对西欧历史学家所提倡的理性主义和实证主义的历史研究的。"[①]美国人曲解了兰克，却把曲解后的解读当作了一种依据和理由，成就了美国历史学合法性的来源，即所谓的"如实直书"——对客观性的追求。由此，他们把兰克的史学定名为客观主义史学，把他架上了"科学派历史学之父"的宝座。

但是兰克的思想其实相当复杂。19世纪末曾试图将德国的历史方法引入法国史坛的法国史学大家加布列尔·摩诺（Gabriel Monod）有个并不那么知名的学生安托万·基扬（Antoine Guilland）长期执教于讲法语的瑞士苏黎世理工学院，曾于1899年用法文写过一本名为《新德国和它的历史学家们》（L'Allemagne Nouvelle et ses Historiens'）的书，该书于1915年出版英文版《近代德国及其历史学家》[②]。基扬不无尖锐地指出："在法国，很久以来，我们一直以为德国历史学家是公正的。但是，我们错了，他们的学问欺骗了我们。"[③]在解读兰克时，基扬指出"初看起来，没有什么比历史学家兰克的著作更少民族主义色彩了"[④]，但"对于兰克，我们在发现其内核前首先要击破其外壳"，"他的著作并不因为不是十分张扬而缺少现实性：从其历史观念和其著作中应得出的意义来说，

① 格奥尔格·伊格尔斯著，《美国与德国历史思想中的兰克形象》，载〔美〕格奥尔格·伊格尔斯：《二十世纪的历史学：从科学的客观性到后现代的挑战》，何兆武译，济南：山东大学出版社，2006年，第155—156页。

② Antoine Guilland, *Modern Germany and Her Historians*, London: Jarrold & Sons, 1915.

③ 〔法〕安托万·基扬：《近代德国及其历史学家》，黄艳红译，北京：北京大学出版社，2010年，封底。

④ 〔法〕安托万·基扬：《近代德国及其历史学家》，黄艳红译，北京：北京大学出版社，2010年，第43页。

他与普鲁士史学中那场强大的运动存在联系"①。"在兰克看来，搜集材料还只是历史学家工作的一部分内容：他认为对它们做批判性研究更为重要。兰克的批判主义与尼布尔的批判方法毫无共同之处，尽管后者是他的源泉之一。兰克的批判不是针对文本而是针对思想——就是说，他的批判更多与经验（witness）而不是与证据（evidence）有关。"②基扬指出：兰克看似的客观中立事实上来自他的贵族品位和个人修养。他认为历史写作必须具有美感，而这种技能又需要"恩典"。在兰克眼中，莱茵哈德·尼布尔（Barthold Georg Niebuhr）并未赢得这种恩典：尼布尔太过渊博，而文学味不足。兰克始终在寻求具备特性的民族史和普遍的世界史之间的关联，他要从更高的视角（包括神意的视角）去透视历史的内核，而具有普世意义的世界史才是历史学的终极目标。普遍主义倾向和美学灵感是兰克著作的特点。"作为一名细致入微的人类激情的分析者"，"兰克喜欢讲述家常，这使得人物形象跃然纸上"③。通过连续不断的细节性接触，兰克要呈现人物的内心深处。这事实上就是调用了德国思想传统资源中的"移情式理解"。所以，最终基扬总结指出："列奥波德·冯·兰克是普鲁士君主制度忠诚而出色的仆人，但首先是个公正和谨慎的仆人。"④

美国史家并没有对如此丰富的兰克思想照单全收，而是有所取舍。

① 〔法〕安托万·基扬：《近代德国及其历史学家》，黄艳红译，北京：北京大学出版社，2010年，第44页。

② 〔法〕安托万·基扬：《近代德国及其历史学家》，黄艳红译，北京：北京大学出版社，2010年，第55页。

③ 〔法〕安托万·基扬：《近代德国及其历史学家》，黄艳红译，北京：北京大学出版社，2010年，第67页。

④ 〔法〕安托万·基扬：《近代德国及其历史学家》，黄艳红译，北京：北京大学出版社，2010年，第71页。

试图将他同普鲁士民族主义风格的历史写作切割开来，有意强化他同以考据文献著称的尼布尔的相似性。本也可被归入德国浪漫派的兰克，曾具有反对启蒙主义的立场，致力于以个体特殊性抗辩科学主义的规律性，他还一再强调的"一切历史都是上帝之手的杰作，都是为了证明上帝存在"，抱有强烈的神意史观。但这一切，在美国人这里被粗暴地剪裁掉了，兰克的形象被着意刻画为更接近于尼布尔的形象：皓首穷经，埋头考据，要将古典文献学、历史语言学等辅助学科的方法应用于近现代史的历史写作。

> 美国历史学家因为不能够理解兰克的历史思想的哲学意义，就把兰克对文献的分析批判（这是他们所理解的，也是适合于他们赋予历史以科学的尊严所需要的）和兰克的唯心主义哲学（这是他们所不熟悉的）分裂开来了。然后他们把这种批判的方法和讨论班的组织移植到19世纪末美国的思想园地。①

除了班克罗夫特以外，美国历史学家对兰克的这种误判是高度一致的。这些人包括密歇根大学的查理·亚当斯，约翰·霍普金斯大学的赫伯特·巴克斯特·亚当斯，耶鲁大学布恩和哈佛大学的艾默顿等人，他们在美国各大高校推广兰克开创的历史学讲习班习明纳尔（seminar），使之成为培育美国史学家的唯一的、现代的、科学的教学方式。赫伯特·巴克斯特·亚当斯说："历史学的研究班是从教义训练班发展演变

---

① 〔美〕格奥尔格·伊格尔斯：《二十世纪的历史学：从科学的客观性到后现代的挑战》，何兆武译，济南：山东大学出版社，2006年，第155页。

为探寻科学真理的实验室。约翰·霍布金斯大学研究班就是'一所实验室，书本在那里就像是矿物标本一样，在人们的手中传来传去，接受鉴定和检验'。他称赞阿尔伯特·布什内尔·哈特，说他就像生物学家研究小鸡和蝌蚪的生命一样探讨过去的比尔河和港口的来源。"①他们移植来了某种形式层面的教学外壳，却丢掉了实质层面的思想内核。他们的这种做法对美国史学的科学化发挥了重要作用，也垄断了美国史家的准入机制和同行评议。兰克作为"科学派"的形象被固化，定型。兰克的"如实直书"（wie es eigentlich gewesen）也成为科学的代名词，他被被动地推上神坛。兰克当选为美国历史学会的首席名誉会员，他的整个图书室也在他去世之后被其美国的信徒所收购，整体被搬到了美国，陈列在纽约州中部的锡拉丘兹大学（Syracuse University，又名雪城大学）。有一位名叫赫伯特·列维·奥斯多德的学者写道："在任何国家，要装饰其学术性，最纯粹和最高尚的精神就是兰克的精神。"②特别是美国年轻一代的学者，对兰克有种报恩之情。

在德语学术圈中，卡尔·兰普勒希特（Karl Lamprecht）作为"史坛逆子"曾从实证主义的角度系统批判过兰克的德国唯心主义立场，并在19世纪末到20世纪初的世纪之交掀起了一场针对兰克学派的史学运动。1904年，兰普勒希特曾到访美国哥伦比亚大学并发表演说，随后出版

---

① 〔美〕彼得·诺维克：《那高尚的梦想："客观性问题"与美国历史学界》，杨豫译，北京：生活·读书·新知三联书店，2009年，第43—44页。
② 〔美〕彼得·诺维克：《那高尚的梦想："客观性问题"与美国历史学界》，杨豫译，北京：生活·读书·新知三联书店，2009年，第34页。

了英文版演讲合集《历史是什么？——现代历史科学五讲》①提倡以多
学科综合的方式来观察宏观历史的脉动，并在政治军事史和外交史之外
给予文化史以应有的发展空间。事实上，兰普勒希特在这里已经触及兰
克个人对德意志民族的一些基本思考，暴露了兰克史学后期的危机。彼
得·伯克在谈及法国"年鉴学派"出现时所面临的旧体制时，曾对当时
欧洲史学界的整体面貌做了如下描述，"兰克本身的兴趣并不限于政治
史"，但作为史学界的"哥白尼革命"，以兰克命名的兰克学派却有将
社会文化史边缘化的重大嫌疑，"对档案资料的强调，让社会文化史家
相形之下只像是半吊子的业余爱好者"，"与导师比较起来，兰克的追
随者远为心胸狭隘。在一个史学家渴望成为专业人士的年代，非政治史
被排斥于新创建的学术专业之外"②。法国人的判断和作为德国人的兰普
勒希特的判断是一致的：专业化造成了研究范围的收窄和研究对象的筛
选。但在当时，美国人并没有领悟兰普勒希特的根本意图。兰普勒希特
笔下的兰克是一个更接近于真实的兰克的形象。但并不买账的美国人，
依然以他们所认定的方式来片面突出兰克的一个面向而忽略兰克的其他
面向。

　　一直到20世纪30年代，大批德国学者从纳粹控制下的第三帝国出
逃，到美国避难，美国学界对德国思想传统的了解才真正具有实质上的
进展。1933年，美国学界出于自由主义人道援助的考虑，成立"援助德
国流亡学者紧急委员会"，将接近1100名德国学者安置在了美国各大高

---

　　①　Karl Lamprecht, *What Is History? Five Lectures on the Modern Science of History*, trans by
E. A. Andrews, New York: Macmillan, 1905.

　　②　〔英〕彼得·伯克：《法国史学革命：年鉴学派，1929—1989》，刘永华译，北京：
北京大学出版社，2006年。

校和研究机构中。1967年，来自德国的流亡学者哈约·霍尔波恩（Hajo Holborn）甚至当选美国历史学会主席这一要职务。特别是在社会科学领域中，这些以德语为母语的流亡学者也曾一度无法适应以英语为工作语言的美国学术环境，出现了"德国知识难民在美国的'失语性'问题"①。除了英语写作和授课上的困难，不同语种中的概念和术语有时也无法精准匹配，造成学术认知上的偏差。德语界和英语世界之间在思想史传统和思考方式上的差异日渐暴露。

德语中的"科学"（wissenschaft）一词在语义上并不完全等同于英语语境下的"科学"（science）一词。德语"wissenschaft"一词：在加上定冠词时，"die wissenschaft"对应英语中的"学识"（scholarship）或"学问"（learning）；而在加上不定冠词时，"eine wissenschaft"表示一门学科（discipline）。在德语学术语境之下，历史学、政治学和社会学都被冠之以"科学"（wissenschaft）之名，它具有深刻的哲学意涵，指的是学者抱着一种献身精神投身于神圣的探索和研究，去发掘具有终极关怀价值的知识，这一过程也是学者自我实现的过程。而英语世界中的"科学"（science）更多指向了与人文科学相对的自然科学，即一种非个人化的、纯技术性的、专门而精准的、经得起重复验证的知识。德语版的"科学"（wissenschaft）是嵌入在特定时空背景之下的，针对国家和民族的精神使命和时代价值而做出的特定考察。在研究方法上，移情式的理解（empathy）被采用，以帮助人们建立对上帝之神意的揭示。英语中的"科学"（science）更强调物化的、非精神的、存在共性的、不受时空转

① 李工真：《德意志现代化进程与德意志知识界》，北京：商务印书馆，2017年，第306—350，378页。

换之限制的客观的规律。它假定存在一种不受非理性因素摆布的、排除了偶然性的法则。客观性、价值无涉、脱离背景情境的干扰成为科学的要义所在。揭示严格的历史真相，对人物和事件做出理性计算，并假定人的一切行动都是受理性支配的。这是启蒙时代所留给人们的一种"幻象"。启蒙运动的精神遗产有一种强烈的反基督教的世俗化氛围，"科学至上"的认知预设随着启蒙运动在各国间的扩散，日渐深入人心，内化为了一种潜在的共识。人的理性被过度强调，假定社会发展的道路是线性进步的，一切皆是有规律可循的，观察和实验能够为人类提供可靠的且能不断重复验证的知识。所有这些启蒙的遗产都被运用在对"现代性"的解读上。同时也反映在了19世纪的史学写作风格上。

19世纪下半叶，浪漫主义的地方化（provincialising）写作已经无法适应现代民族国家的内部同质化要求，科学的民族主义史学写作更符合现代政治转型的迫切需要。19世纪是西方现代民族国家的最终定型期，任何一个现代民族国家都需要夯实一种共享的、统一的历史来为国家建设提供精神凝聚力。民族主义史学写作需要"科学"的加持："科学"的严谨和精确可以为史学写作的专业性和客观性背书。由此，进一步让现代历史学从文学、哲学、艺术和神学等领域中脱离出来，成为排斥业余者的，由专业人士所专享的特定领地。职业主义/专业主义（professionalism）成为历史学中的关键话语。德国学者斯特凡·贝格尔（Stefan Berger）认为，正是这种崇尚"科学"，以客观性奠定其合法性的历史写作推动了19到20世纪现代民族国家的定型。并随着帝国主义和殖民主义的全球活动，将这种知识界上的思维定论推广到了世界其他各地区。贝格尔甚至说："科学的民族主义，穿着浪漫主义、实证主义和马克思主义的外衣，存在于历史学家的国际主义承诺之中，即历史科学作为工具，具有普适性。正如其他科学那样，在19世纪末20世纪初，历史科学经历了一次彻底的国际化。"①这场学术标准的国际化进一步统一了认识，强化了标准，现代历史学被明确标注出来，划定了自身的学科界限。

此外，在19世纪最后三四十年，从兰克学派中分化出来的普鲁士学派为德意志帝国的扩张提供了一种历史资源，从促进德意志统一的"进步"走向了纵容军国主义扩张的"反动"。部分德国史家，尤以德罗伊森（Droysen）②、济贝尔（Sybel）③和特赖齐克（Treitschke）④为代表，在政治生活上所扮演的鼓吹军事扩张和种族优越的角色，更是招致了英语学界的学者们的普遍反感和广泛抵制。被遮蔽掉的古老的德意志历史主义传统，随着德国军国主义的崛起及其反自由主义的特点，而被简单贴上了政治不正确的、反动的标签。反倒是强调社会进步、寻求共通规律、揭示普世价值的法式实证主义立场被进一步接受。最终，在兜售和贩卖欧洲各路思潮的自由市场上，美国人义无反顾地选择了实证主义。虽然美国史家口头宣称他们都尊兰克为圣，且模仿德国大学。但他们事实上走上了一套完全不同的路。在实证主义影响之下，美国史家将科学性认定为学科独立的一项重要指标，进而明确了美国史学在知识体系中的准确位置。历史学要凭借科学性而得以跻身现代学科之林，与其他自然科学门类比肩而立。"19世纪末的职业历史学家们在追求科学的权威性的同

---

① 〔德〕斯特凡·贝格尔主编：《书写民族：一种全球视角》，孟钟捷译，杭州：浙江大学出版社，2018年，第20页。

② 德罗伊森，鼓吹武力统一德意志各邦。

③ 济贝尔，与兰克断交，自称"我这个人七分之四是政治活动家，七分之三是教授"。

④ 特赖齐克，"讲坛上的俾斯麦"，"德国官僚警察的历史学家"。

时，始终让他们自己与'历史学即文学'或'历史学即艺术'的立场保持着一定的距离，或者根本否定这一观点。"①

20世纪初，在美国史坛上，由詹姆斯·哈维·鲁滨逊（James Harvey Robinson）所大力鼓吹的"新史学运动"，更是强化了实证主义的影响。19世纪后半叶的法国史家维克多·杜律伊（Victor Duruy）曾指出："叙事的历史是一种艺术。而按照法则说明现象并把他们分类、根据原因说明事实并把他们分类的历史则是一门科学。"②兰普勒希特旋风也并非在美国毫无应者。只是美国学者并未通过兰普勒希特认识到具有复杂历史主义渊源的真实的兰克，而是进一步走向了科学化的道路，试图将研究议题从政治军事史转向社会史。1904年在美国密苏里州的圣路易斯市，召开了一场"艺术与科学大会"（Congress of Arts and Sciences），初步探讨了多学科对话的可能，并希望进一步推动人文学科的科学化。德国文化史家兰普勒希特，美国新史学的旗手詹姆斯·哈维·鲁滨逊③，美国本土自产、试图挑战"美国文明欧来说"的、边疆学派的开创者弗雷德里克·杰克逊·特纳，时任普林斯顿大学校长、后来在总统位上推行自由国际主义的、理想主义者伍德罗·威尔逊（Woodrow Wilson），以及英国剑桥学派的代表人物、名言"历史是一门科学，不多也不少"的作者J.B.伯里（J.B.Bury）齐聚一堂。他们交换了各自对"历史科学"（Historical Science）的理解。鲁滨逊"美国新史学"的重点不是去要复原一个唯心主义的、历史主义传统中的兰克，而是要冲破兰克狭隘的史

---

① 〔美〕彼得·诺维克：《那高尚的梦想："客观性问题"与美国历史学界》，杨豫译，北京：生活·读书·新知三联书店，2009年，第53页。

② 转引自李剑鸣：《历史学家的修养和技艺》，上海：上海三联书店，2007年，第31页。

③ 他曾在德国莱比锡大学进修，因此认识兰普勒希特，并得到后者发出赴美访问的邀请。

学研究范围，认为：应将人类的所有活动都纳入研究的对象，并采取一种新的综合，借鉴相关同源科学（cognate sciences）的研究方法，如心理学、政治学、经济学、社会学等。并且他也保持了一种乐观的进步论，并将哥伦比亚大学的史学演进放进了进步主义运动的洪流中。20世纪初美国新史学运动的"入世"态度并非来自德国"国家科学"的传统，而是受到了杜威实用主义哲学的影响。最终，这场以更新史学研究方法、扩大史学研究对象、抱持进步论立场，并强调要改造现实社会的学界讨论汇入了进步主义社会运动的大潮。

这场新史学运动的很多主张早在19世纪末就被特纳所提出；鲁滨逊做了不遗余力的宣传推广和教学活动；查尔斯·比尔德忠实贯彻了这些新主张并完成了令人信服的实证作品。分别作为先驱、鼓吹者和实践者的这三大史家最终向世界发出了美国史学的新声音，美国史学获得了一种原创性的成果。经过他们的努力，美国史学进一步脱离了早年对德意志史学的依赖，而越发将现代社会科学加入史学这门传统的人文科学中来，直接开启了因跨学科综合而引发的美国史学的社会科学化路径。史学史大家格奥尔格·伊格尔斯曾在《二十世纪的历史学》一书中的《社会史学的美国传统》一章中说："老辈的美国'科学学派'怀着对德国学术的满腔崇拜，要在德国日耳曼古老的过去之中寻找盎格鲁—撒逊美国的根，而新史学派则强调要与前近代欧洲的过去决裂。……一种狭隘的政治史是再也不够用了。令新史学派感兴趣的科学乃是那些研究现代社会的科学，主要是经济学和社会学，但也有心理学。"①高度的社

---

① 〔美〕格奥尔格·伊格尔斯：《二十世纪的历史学：从科学的客观性到后现代的挑战》，何兆武译，济南：山东大学出版社，2006年，第45—46页。

会科学化，这是美国史学在20世纪的整体特征。

综上所述，德国历史主义从一开始就没有被正确且全面地被介绍到美国，而美国人对兰克的误读又让他们把德国传统和英法启蒙传统混为一谈，最终美国史家全面导向了实证主义。事实上，不仅历史学如此，美国的社会科学在整体上都是实证主义的。社会科学史家多萝茜·罗斯总结指出：

> 对于美国社会科学而言，它的显著特点在于借鉴自然科学而非历史科学建立……历史学可以使我们获得一种对历史经验的批判性理解，并使我们可以去改变塑造这些历史经验的社会结构。相反，20世纪美国社会科学中主流的社会模型则主张用一个假定先在的自然过程去理解历史，在这里，社会世界是由对自然刺激做出反应的个体行为构成的，资本主义市场和现代城市社会都可以被理解为自然的一部分。我们被导向了对自然进行量化的、技术性的操控，并对美国社会持一种理想化的自由主义想象。①

因此，多萝茜·罗斯呼吁20世纪美国文化在失去方向的时候应当仔细反思一下这种"漠视历史"的策略。随后，她重点讨论了经济学、社会学和政治科学这三门最主要的社会科学的内在问题。她还指出：20世纪50年代，随着定量模型、系统分析、结构功能论解释和行为科学的大兴，似乎美国的社会科学到达了科学的高点，但是这种以自然科学为取向来定义社会科学的做法是把社会世界简单视为了自然过程。她进一步

---

① 〔美〕多萝茜·罗斯：《美国社会科学的起源》，王楠、刘阳、吴莹译，北京：生活·读书·新知三联书店，2019年，导言第3—4页。

分析指出："每一个国家的社会科学都承担着不同的政治任务，而且处于美国所谓的人文科学与自然科学之间的不同位置。"[①]她认为德国学界一直受到历史学派的深刻影响，法国史学与理性哲学和实证主义共同发挥作用，而英美两国则较欧洲大陆国家而言较少受到历史思维的影响，但英国又不像美国那样较多收到自然科学模型的支配。社会科学存在微妙的国别差异，美国社会科学的特点以及受整体学术风气的影响，美国史学的特点，都决定了学科对话的必要性和历史社会学出现的隐含动因——美国的社会学和历史学都存在某种偏颇和缺失，而对其加以弥补，则构成了学科交叠的巨大动力。

三、从学科对话看历史社会学对专业化的挑战

前文讨论了考察"当社会学遇见历史"时的遭遇，可以讨论历史学对时间性的敏感如何启发了只关注当下的社会学家，使得他们去古典社会学传统中寻求学科高度分化之前的更宽阔的理论视野。而"作为社会科学的美国历史学"，便是追溯美国史学在学科形成过程中对科学客观性的过度关注造成了历史学家对规律性和确定性的病态痴迷。以至于到了后来，历史变成了胡适所言的"任人打扮的小姑娘"完全被社会理论牵着鼻子走，史家不得不重新思考历史学的本质特征和自身的学科本位。美国历史社会学在20世纪中叶之后的兴起，事实上反映了社会学和历史学学科对话后的一种转向，并进而指出这种试图消解学科壁垒的努力在根本上具有怎样的方法论价值。

---

① 〔美〕多萝茜·罗斯：《美国社会科学的起源》，王楠、刘阳、吴莹译，北京：生活·读书·新知三联书店，2019年，导言第8页。

旅美社会学家赵鼎新总结指出："历史社会学的关键并不在于它所研究的社会现象发生在过去还是当代，也不在于我们用的是第一手还是第二手资料，而在于它在方法论上的特殊性，在于它是一种结合历史学的时间叙事和社会学的结构/机制叙事的分析方式。换一句话说就是，历史社会学追求的是一种社会学的结构叙事和历史学的时间序列叙事的有机结合。"[1] 在两种叙事策略中："第一类就是所谓的结构/机制叙事（即不同的社会结构导致了不同的社会后果），第二类则是时间序列叙事（即对某一事件做出大事表，并且找出对某一特殊社会后果的形成具有重要作用的一个到数个关键转折点）。如果说结构/机制叙事是社会学的基础，时间序列叙事则构成了历史学的逻辑基础。"[2] 这两种叙事逻辑并不冲突，可以同时适用于同一事件，但随着学科分化，而被划归于不同的学科门类之下。历史社会学并非只是给社会学添加一点历史的要素，而是在方法论上寻求重新的结合。

时间性是历史学的根本特性，历史学对研究对象的考察都是基于对特定时空背景的考察而做出的。历史学家们将考察对象置于具体的历史情境之中，试图拼接和复原当时当地的原貌，借着感同身受的移情式理解，而对研究对象在时间流变中的发展过程做出解释。2005年，社会理论家小威廉·休厄尔在《历史的逻辑：社会理论与社会转型》一书中就提出：虽然困难重重，但历史学者应当更为积极地介入社会理论的争论，因为他们深谙社会生活的时间性，可以提供一种名为"社会性时间"的理论。"历史学家相信不清楚时序就无法了解事件发生的原因。……行

---

① 赵鼎新：《时间、时间性与智慧：历史社会学的真谛》，《社会学评论》2019年第1期，第4页。

② 赵鼎新：《什么是历史社会学？》，《中国政治学》2019年第2期，第104页。

动、事件、趋势本身的复杂却短暂的关联次序将决定它的效应。"①历史学家和社会科学家应当展开"互惠互利"的理论对话，双方分别以"时间的历史性"概念和"结构性思维"启发彼此。

除了排序差异，时间还有延续性。历史学的叙事是一个有时间长度的，针对特定时段和特定空间而做出的陈述。讲故事的要点在于有情节的起伏，而情节的展开必须依托时间轴线上的推移。查尔斯·蒂利也曾在接受丹尼尔·里特（Deniel Little）的采访时说过："过程本身才是（他）要解释的对象，而不是（变量之间的）静态比较。"②蒂利决意要对研究对象做出历史化的处理，解释过程和变化，而非只是聚焦首尾两端，对比起因和结局。放宽眼量，中长时段的过程比较正是巴林顿·摩尔所开创的宏观历史比较的主要内容。也是整体解释现代社会如何成型并演进的一种视野。事实上，早在奥古斯特·孔德（Auguste Comte）那里，他就曾指出"社会静力学的理论必须能够决定历史演进的整个轨迹"，静力学只是决定了轨迹趋近线的整体体系，但没有决定曲线本身的性质。在孔德看来，轨迹曲线是由社会动力学来决定的，且必须要有足够长的弧度。孔德一方面要确定他称之为"极点"（polarities）的极端状态，另一方面又要探究连接这些阶段的弧线或轨迹的建构模式。③他是一个过程论的信徒，但只是他的这个面向并未受到后辈学者的充分重视。

在历史社会学家那里，时间变量被赋予了更为重要的意义和价值，

---

① 中译本：〔美〕小威廉·H.休厄尔：《历史的逻辑：社会理论与社会转型》，朱联璧、费滢译，上海：上海人民出版社，2012年，第7页。

② Deniel Little, "Interview with Charles Tilly: Origins, The Vendee", youtube, http://www.youtube.com/watch?v=hlJVsMOyb_I&list=PL73ABDF5D9781DF91, Dec 15, 2007.

③ 〔英〕麦克·甘恩：《法国社会理论》，李康译，北京：北京大学出版社，2011年，第40页。

时空特殊性所铸就的多重背景（context）直接挑战了将初始情境视为常量的既有假定。社会世界并非自然世界，并不存在理想状态，在时间轴上，无论是社会结构还是人的能动性都会发生变化，牵一发而动全身。社会科学在做出规律性解释时需要降低其对解释有效性的预期，承认宏大理论的空洞，而降低到中层理论的机制分析，进而发现协同共变的规律，接纳偶然性的出现。研究社会变迁的社会学家和研究嵌入在社会网络中的人的历史学家都是在探讨一个核心的问题，即社会结构和主体能动性在时间轴上的互动历程。研究者们从坚守社会建构论，单方面强调外部结构性因素的单向强制作用，开始转移到关注微观情境中的互动机制和反向回馈。由此，历史中的行动者被赋予了更多的关注，文化传统和意识形态要素也日渐被纳入分析的框架。历史社会学自身也经历了代际更替（参见导论部分），发生了从"结构"到"文化"的转向。历史社会学因重新引入了时间变量（这个最能代表历史学学科特性的变量）而使既有社会学研究从单纯"建模型"，也日渐参与到"讲故事"中来。这直接冲击了社会学和历史学既有的专业划分和学科边界。

在美国，历史社会学并不仅仅是社会学内部的一门分支学科。相反，它反映了一种对美国社会科学缺乏历史意识的反思和警醒，并进而引发了以历史视角去重新修订多种社会科学门类的努力。正如前文所论述的那样，美国的历史社会学家最先是主流社会学研究路数的反叛者，这些在学术体制中处于边缘地位的学者和新生代表面上具有反体制的特性。在表层的反叛之下，历史社会学们试图冲击的不仅仅是一代学阀的权威及其研究范式，更是冲击了学科专业化所带来的弊端。

19世纪的学科专业化具有正反两面性，并随着时间的推移，其负面的影响日渐浮现。一方面，学科专业化通过划分研究领域和定义概念范畴，有益于研究的深入和细化，并供养了一群职业学者，为业余人士刨出了一条无法逾越的鸿沟，避免了研究内容上的重复劳动，增强了职业团体的内部凝聚力。但另一方面，学科专业化事实上造成了学科之争和学派之争。19世纪服务于现代民族国家的历史学研究到了20世纪被一种试图超越国别利益和政治偏见的普世的社会科学研究所取代。如果说19世纪是历史学的世纪，那么也许在20世纪的美国，社会学因其现实功用——能够有效论证美国处于现代社会发展的顶端——而在各学科的争竞之中获得了更多的权重，以至于"社会"（the social）①的概念假定变成了一个既成事实。同时，在学科内部，正如前文所述：学科专业化的过程也造成了学科内部某种学术话语和研究范式的主导性地位，从而在统一认识的同时，遮蔽甚至是抛弃了别样的认识。主流范式借助论文发表的同行评议机制和教职晋升的甜蜜诱饵，事实上是加强甚至是固化了自身，削弱甚至打击了异己。从而抑制了思想的活力和发散，让主流研究变得越来越保守和顽固，学科范式的转换极其缓慢和困难。这是专业化所付出的代价。学术体制的创设，人为划定了研究者的地盘，并为很多学者事后追加了一个专属的学科头衔，韦伯成为社会学的奠基人之一，兰克成为现代科学历史学之父。而这种定义是一种"事后诸葛亮"的追认，却未必为其本人所接受。以至于这些开宗立派的大师后来被学科专业化所绑架，他们原有的开阔视野和精神上的丰富复杂都被简单粗暴地

---

① 现在最时髦的社会学理论议题之一就是"后社会史研究"，即通过探讨概念的形成过程来说明"社会"一词也许是被建构出来的。但无疑，20世纪的人们理所当然地把"社会"作为了一种天然存在之物，不假思索地拿它来作为分析工具和研究单位。参见〔西〕米格尔·A.卡夫雷拉：《后社会史初探》，玛丽·麦克马洪英译，李康中译，北京：北京大学出版社，2008年。

牺牲掉了。他们个人化的思考以及其所代表的具体时代特征被后学们有意无意地抛弃了，他们的思想必须经过剪裁，以更符合权威学术话语的要求，并能为某种学术话语背书。学术思想让位于学术制度。学科专业化有种画地为牢的实际效果，羁绊住了学者们脚踪。

英国学者麦克·甘恩（Mike Gane）立志要从更长远的历史视角去追溯法国社会学理论的范式变迁，并特别关注后世学者所忽略掉的1800到1880年这个时段。他认为："社会学思想的基本结构的统合程度或许远甚于通常的假设。"①孔德在创立实证哲学并将其作为社会学的方法论基础时，也许并未有意而为地促成社会学研究的封闭和专门。但走上专业化轨道的学科发展却造成了一种背离初衷的微妙结局："孔德采取了一套复杂的'方案'来建构社会的根基，要综合哲学、科学认识论、社会学和政治方案，搭建相互支撑的脚手架。……如此宏大的社会理论阐述事业需要复杂精致的支撑；后来在大学里发展起来的社会学学说，根基更为稳固，专业化社会学可以基于其本身力量，说明其扮演的角色，并将其合法化。孔德确立的社会学消融在这座新大厦的架构中。新的科学一旦铸造完毕，就会拆除曾经促成其存在的脚手架。……知识随着时间流逝，逐渐出现了相当程度的忘却。"②后世学者不仅拆除了曾经求诸的脚手架，而且也丢弃了当时的时代之问，让曾经敦促孔德思考的一些基本问题意识也被人为遗忘了。从这个意义上说，甘恩认为："'实证主义'这个术

---

① 〔英〕麦克·甘恩：《法国社会理论》，李康译，北京：北京大学出版社，2011年，第12页。

② 〔英〕麦克·甘恩：《法国社会理论》，李康译，北京：北京大学出版社，2011年，第12—13页。

语的用法从19世纪早期以来发生了很大变化。"①孔德笔下的实证主义到底是一种纯粹的外在观察，还是参与其中的因果分析，抑或是一种寻求规律总结的科学？后世学者不断把他们各自的解读添加到原初的版本中去，以至于经过多方的涂抹和打扮，原初素颜的本貌早已被遮蔽住了。专业化一旦确立，也许就会获得一种自主性，不断强化细致的知识分类，窄化研究对象，拣选研究方法，进而形成一种封闭自守、自立山头的心态。如同加满油的汽车，发动起来，就很难刹车。

中国学者牛可在《历史对发展意味着什么？》一文中曾做出如下的总结：

> 学科分化并没有导致涂尔干所谓"有机团结"意义上充分的分工和合作。现代社会科学体系演进中的一个不幸伴随物是，历史学和理论化的社会科学之间发生了巨大的隔阂和对立。在分化和制度化的过程中"学科"在越来越大的程度上成了"行会"，历史学家和理论家盲目地从自己的认识论和方法论原则出发去鄙弃对方的工作和成就，导致他们两个群体之间即使有交流也成为"聋子之间的对话"。撇开历史学方面的弊病不谈，20世纪以来社会科学各门类都出现了不同程度的非历史（ahistorical）的发展趋向。②

历史社会学呼吁学科对话，它本质上有种反学科制度化的特质，

---

① 〔英〕麦克·甘恩：《法国社会理论》，李康译，北京：北京大学出版社，2011年，第13页。

② 牛可：《历史对发展意味着什么？》，载《现代化研究》第一辑，北京：商务印书馆2002年版，第22页。

它在试图消解学科壁垒，造成社会科学的重组，甚至穿越社会科学和人文科学的界限，回归知识分科前的宽广视域。这也是美国历史社会学家查尔斯·蒂利所说的"历史社会科学"（historical social science）和美国社会科学大家伊曼纽尔·沃勒斯坦所说的"开放社会科学"的要义所在。历史性本就是各种社会现象的内在固有属性，因为一切社会现象一定是来有影去有踪，在意义的链条中前因与后果截断了社会现象的意义生成过程。历史性也是一切社会现象的内在结构，因为所有社会现象都必须在时间之流的河床上完整呈现并经历过程。由此，历史意识应当存在于所有社会科学的研究之中，"历史研究是一切社会科学的基础"。

哪怕是实证主义的开山之人奥古斯特·孔德，也曾自称他自己的方法是"历史方法"，并试图做出一种"科学的历史"（scientific history）。法国社会学家雷蒙德·阿隆（Raymond Aron）曾在其流传甚广、被奉为经典教科书的著述《社会学主要思潮》中点评了孔德，他说："在《实证哲学讲义》一书中，一门新的学科——社会学——已经形成了。它承认整体先于局部，综合先于分析，研究的对象是人类历史。……社会学是一门纵观历史的科学，它要确定的不仅仅是曾经存在过的和目前存在的东西，而且从决定论的必然意义上来说，它还应当确定将会存在的东西。"[1]这种"知古鉴今，预测未来"的使命也正是历史学的职能所在。学科分化，作为一种知识分类的后续结果和知识生产最终完成体制化的一种结局，也许大大出乎了学科奠基者的初衷。在那

---

① 〔法〕雷蒙德·阿隆：《社会学主要思潮》，葛智强、胡秉诚、王沪宁译，上海：上海译文出版社，2005年，第50—51页。

些开宗立派的先驱者那里，现代学科专业意识并不存在。学科壁垒是在确立学科专业化的过程中伴生出来的一种非预期的后果，以牺牲知识的融贯性为代价，试图换取科学主义者所崇尚的精准性。在学科专业化经历了半个多世纪的发展之后，在20世纪中叶，历史社会学就是要去重新拾起专业化历程中无意间丢弃的某些智识上的基本判断。以历史主义来平衡过度的科学主义。这种平衡的需要反映了美国社会科学发展中的"不平衡"。

本章从社会学史、美国史学史和美国社会科学史的三个层面解释了历史社会学出现的内在机理。作为对第二章的延续和发掘，前文呈现了"象牙塔"内的门派、争论和学术活动，本章无疑希望揭示其背后深层次的认知前提和体制限定。可以说，学术专业化的初衷也是为了要让学术研究遗世独立，"羽化登仙"，但制度化的过程又无形中限制了学术的自由度，特别是在方法论上逼迫学者站队，表态。行会共识是以牺牲个性为代价，以行业垄断为前提的，一旦它统一起了生产标准，就有抑制创新的危险。知识再生产的体制化建制就是象牙塔里的行会，同样面临此种风险。历史社会学无疑提示了这一风险。从"匠人"到"职人"，历史性的文化科学被自然科学的标准所绑架，这造就了韦伯所言的"学术生活就是一场疯狂的赌博"。专家没有精神，研究没有灵魂，一切全凭行规操作，满足业内评审的标准，这是最糟糕的学术。"多数主流社会科学家都被他们对自然科学模式的迷信所阻碍"[1]，具有一种"艳羡物理情

---

[1] 〔美〕小威廉·H.休厄尔：《历史的逻辑：社会理论与社会转型》，朱联璧、费滢译，上海：上海人民出版社，2012年，第14页。

结"（physics envy），追逐伊萨克·牛顿（Isaac Newton）经典力学理论的精准性，并将这一追求强加在对社会现象的广泛分析中。"历史学和社会科学对话的一大障碍就是，人们根深蒂固地认为自然科学模式是社会生活研究通往真理的必经之路。"①

在20世纪60年代开始，有一小批历史社会学家们以其经验研究表达了对体制限定的微弱反抗。他们既感受到了主街上的喧嚣澎湃，也发觉了象牙塔中的暗流涌动，他们站在历史的交汇点上，写出了一部部在当时看起来并不主流的作品，却无形中改变了学界沉闷的面貌。

---

① 〔美〕小威廉·H. 休厄尔：《历史的逻辑：社会理论与社会转型》，朱联璧、费滢译，上海：上海人民出版社，2012年，第15页。

第四章

站在历史交汇点上的人

　　在这一章中，我将以美国历史社会学中的人物和著述作为考察的中心。在人物选取上考虑到历史社会学自身的代际更替、师承关系和论辩对手等因素，试图针对各位学者的实证研究文本做出一种笔者个人化的解读，进而思考他们之间在思想上的承袭和交锋。无疑，巴林顿·摩尔被视作二战后美国历史社会学研究的先驱人物，在他身上体现了一个旧式学者的博学与通览。在摩尔的思想表述中，我们看不到太多学科分化后所形成的思维定式。

　　查尔斯·蒂利和西达·斯考切波都是摩尔的学生，他们的求学生涯也都见证了二战后美国学界的整体时代特征。在那一时期，美国学者对知识的分类越发细密和专门，不同学科都争相展开"圈地运动"，希望划定自己的研究领域。但社会学无疑在社会科学的各门类中占据了优势并提供了一种基本的理论预设和研究框架。社会学理论，特别是"社会"的概念，以及与之关联的社会建构论被广为接受。蒂利和斯考切波的中早期著作中就都有强烈的结构主义的烙印，但两人又都试图对其有所突破。可以说，这两个人都是研究范式转型期的人物，最能体现历史社会学的代际变化。

　　菲利普·戈尔斯基和茱莉亚·亚当斯是更晚近的一代，他们的写作风格和思路显然与其前辈拉开了显著的距离，呈现了历史社会学转型完成后的面貌。

　　这五个人物在美国的历史社会学中极具代表性，也很能说明在20世纪后半叶中美国的历史社会学在问题意识、分析方法和解释框架上的变化，他们处在了解释范式从"结构"到"文化"的转换过程之中，是处在特定历史背景的交汇点上的学者。以下五本著述的选题也都是聚焦于现代社会形成过程中的宏大进程，紧紧围绕涉及"现代性"的主题展开。赵鼎新曾总结道："在西方，历史社会学的核心议题只有一个，那就是工业资本主义和民族国家产生的原因和后果（the rise and consequences of industrial capitalism and nation state）。"①以国家为单位的宏观历史比较是这批学者最重要的研究手段。本章将依次呈现这些最为知名的代表作，并穿插讨论著述间的内在联系。

一、巴林顿·摩尔：《专制与民主的社会起源——现代世界形成过程中的地主和农民》

巴林顿·摩尔（Barrington Moore Jr.）作为美国著名的政治社会学家，表现出了强烈的入世情怀和道德担当。他也曾担任过美国战略情报局的政策分析员，试图以智库的角色为国效力。《专制与民主的社会起源》一书因其出色的解释效力和精彩的比较研究而成为一本叫板当时之主流研究范式——现代化理论——的创新之作。该书致力于回答：现代世界是如何形成的，以及在这个漫长历史进程中人类所付出的代价如何。这本书完美呈现了蒂利所写的一本理论小册子《大结构，大进程，大比较》的标题：《专制与民主的社会起源》一书对"大结构"和"大进程"做出了精当且令人信服的"大比较"。蒂利对此书评价甚高："在其宏大的比较探寻中，马克思和韦伯都反复呈现了他们的道德愤慨，呈现出了他

---

① 赵鼎新：《什么是历史社会学？》，《中国政治学》2019年第2期，第105页。

们对那些应当承受压制的人们的关注，并由此展现了他们发现人类解放之别样途径的热情。这种热情并没有阻止他们采用技术和想象来展开比较。巴林顿·摩尔的《专制与民主的社会起源》一书正契合了这一伟大传统。"①该书具有承前启后之功，"它为整整一代研究者设定了探寻的风格和对象"②。

摩尔的作品往往在阅读时给人一种恢宏之势，在他身上没有过度专业化所带来的琐碎和一头扎进史料而出不来的乏味。他的研究往往从一系列的发问开始，问大问题，关注显著的社会变迁和重大历史事件，然后对其进行人性化的解读，并带入浓郁个人色彩的点评。虽然他身处社会科学大行其道的美国学界，但读者往往在他身上看到一种欧洲传统文人的综合气质。甚至学者詹姆斯·希恩（James Sheehan）将其称之为："苏格兰与英格兰启蒙运动的继承人。"③他的老派贵族范儿，与其早年的古典学专业出身有关，也让他在促动历史社会学在美国的兴起中发挥了特殊的作用。摩尔立志要采取一种自古希腊时代就已存在的"质询人类事务的方法"④，要展示人类未来面临的选项和得以行动的潜力。他在研究的议程上属于政治社会学家，从研究的视野和方法上属于历史社会学家，他同时兼任两种身份，在处理人类社会的政治活动演进时始终具有一种价值介入和评判立场，并不一味标榜客观中立。这让他与同时代的

---

① Charles Tilly, *Big Structures, Large Processes, Huge Comparisons*, New York: Russell Sage Foundation, 1984, pp.124-125.

② Charles Tilly, *Big Structures, Large Processes, Huge Comparisons*, New York: Russell Sage Foundation, 1984, p.120.

③ James Sheehan, "Barrington Moore on Obedience and Revolt", *Theory and Society*, 1980, 9(5), p.733.

④ Barrington Moore, *Political Power and Social Theory*, Cambridge, Mass.: Harvard University Press, 1958, p.159.

其他美国同行拉开了距离，反倒跟欧洲的学者更具亲和力。

丹尼斯·史密斯曾把巴林顿·摩尔同E.P.汤普森放在一起讨论，称他们为"两个批判的理性主义者"，并指出两人的著述有三个显著的特点：一是"对人类向现代的资本主义民主过渡的代价……极为敏感"；二是"对由于历史发展的其他模式受到压制而未能实现的潜在人类利益十分关注"；三是"有一种丰富的想象力，使他们能够'深入'从属阶级和统治阶级的文化，并根据这些文化在结构中的位置及其成员所遭遇的处境的逻辑来作出解释"[①]。两人都有一种古典主义的悲悯情怀，关心支配阶级和受压迫阶级在思想意识上的发展，都试图在现代社会转型的大变革之下，探究小人物的苦难。

从整体文风上看，巴林顿·摩尔并无专业偏见和门户眼光，在他身上显现出了学科分化之前的一位博学者的通才。他知识统合，眼界开阔，游走穿梭于多个重大历史议题之中。摩尔的这种风格在20世纪50年代的美国社会科学界是如此之另类，与主流学者"求专精以立门户"的做法极为不同。摩尔与他后来的两位学生、同为历史社会学家的查尔斯·蒂利和西达·斯考切波也有很大的区别。后两者求学并进入学术圈的时刻是美国社会科学已经完成高度专业分化的时刻，所以虽然后两者继承了摩尔在研究方法上的路数，但他们的写作风格仍然缺乏一种精神气质上的古朴天然，而略显技术化。同时，后两者对人类命运的焦虑远无其先师浓重。

以上，呈现了摩尔的整体写作风格和思想特征。下面将会来看看他

---

① 〔英〕丹尼斯·史密斯：《历史社会学的兴起》，周辉荣、井建斌等译，刘北成校，上海：上海人民出版社，2000年，第75—76页。

的名著。

《专制与民主的社会起源》的副标题为"现代世界形成过程中的地主和农民"。虽然此书在1966年首版时，美国公共舆论的焦点都放在了越南战场和当代冷战的国际关系格局上，似乎读者们对遥远的欧洲和亚洲，包括百年前美国的南北战争都并不热心。但摩尔却通过描述人类群体在历史上的真实遭遇，特别是农民群体所遭受的剥夺与侵害，而解释了民主作为一种政治后果出现之前，人类所经受的巨大考验和惊人耗费。他向前追溯，说明了：当代西方阵营在20世纪中叶所抱持的政治理念和民主道路到底是如何走出来的，如何定型的？为何同样的道路并没有在其他地域空间上被接纳？别样的道路——法西斯道路和社会主义道路——何以出现？摩尔对第三世界农民生存境遇的解读也能够很好地说明为何美国所强力推行的民主价值观无法在东南亚的丛林中被接受。因为当下所有的道路选择都来自各自历史上的路径依赖。摩尔认为，农民阶级应对农业商品化挑战的具体方式不同，这是决定后续政治结果的关键性因素。在现代世界的转型之中，地主和农民所共同经受的成熟和典型的资产阶级革命能够与议会民主制相结合，会导致资本主义的自由民主（以英国清教革命、法国大革命和美国革命为例）；流产了的资产阶级革命因革命的冲击力不够，造成了反动和倒退的政治形式的出现，纵容了法西斯主义的出现（以德国和日本不彻底的自上而下的改革为例）；而纯粹的农民革命则要求消灭贵族，工农结合，最终造就共产主义（以俄国和中国为例）。

在这三条道路之外，还有印度的特例。20世纪60年代，印度跌跌撞撞地向现代工业社会挺进，但它既未经历资产阶级革命，也无自上而下的保守改革，更无共产主义的洗礼。虽然它避免了三种革命道路，但却付出了"令人毛骨悚然的巨大代价"[1]。在印度存在一个恶性循环："印度的农业发展一直处于停滞和低效状态，其根本原因是城市没有进入农村去刺激劳动生产率或者改变乡村社会。出于同样的原因，乡村并没有生成能够用于工业发展的资源。相反，地主和高利贷者攫取了所有的剩余，并将之主要用于非生产性目的。"[2]这种无望的停滞构成了一种反例，同时也直接摧毁了研究经济发展的学者们的线性进步观。他们对现代社会转型的乐观自信，受到了印度这一盆冷水迎头痛击。

摩尔敏锐地指出，当对欧洲和亚洲的政治进程展开比较时，"仍然有很多理性聪慧的思想家们坚信，要迈向现代化工业社会世界，只能沿着一条主要的高速公路"……但他着力要证明的却是，"过去50年[3]的历史经历已经戳穿了这个观点"；相反，"西方的民主只不过是其中的一种结果而已，是基于特定历史情境的一种结果"[4]。摩尔并陈了多条道路并试图对其做出比较，他极力反对现代化理论中的阶段论立场。摩尔从未追求过宏大解释和普适规律，他所追求的是基于历史丰富性而做出的类型学比较。在摩尔身上，人们可以看到历史主义的影响，一种欧陆传统带给他的对于"多国多样"的肯定和放眼世界的眼光。他说："本书试图找出一系列的历史条件，正是因为具备了这样的历史条件，农民两大群体中的一方

---

① 〔美〕巴林顿·摩尔：《专制与民主的社会起源——现代世界形成过程中的地主和农民》，王苗、顾洁译，上海：上海译文出版社，2014年，第427页。

② 〔美〕巴林顿·摩尔：《专制与民主的社会起源——现代世界形成过程中的地主和农民》，王苗、顾洁译，上海：上海译文出版社，2014年，第397—398页。

③ 指20世纪上半叶，本书1966年出版前的半个世纪。

④ 〔美〕巴林顿·摩尔：《专制与民主的社会起源——现代世界形成过程中的地主和农民》，王苗、顾洁译，上海：上海译文出版社，2014年，第161页。

或双方才能够演变成极其重要的力量，从而推动不同形式西方议会民主制的出现、右翼专制（即法西斯政权）和左翼专制（即共产主义政权）的崛起。"①他还"怀疑工业主义是否真是20世纪极权主义政权的主要根源"，他说："我一直确信，如果不把亚洲的制度和历史考虑在内，我们是无法充分地从理论上理解政治体制的。"②在三条主要道路的多线程发展之外，还有例外和反常。无疑，摩尔谦逊地承认了其书中解释的局限性，他呈现的是基于一些历史条件而做出的内在机制分析。他乐于呈现国别间的千差万别和各国内部的丰富多彩。美国政治学家、关注农民革命的爱德华·弗里德曼（Edward Friedman）和詹姆斯·斯科特（James Scott）在为《民主与专制的社会起源》一书作序时也说："他没有提供理论上的线性推断和结论，也没有暗示这些证据放在一起是严丝合缝的。他将自己论证过程中出现的不整齐的边沿、沟壑和跳脱，全都呈现给了读者。摩尔邀请读者同他一起去探寻，去享受与一个博学开明、诲人不倦的师长对话的乐趣。"③丹尼斯·史密斯也说："他的著作是由一系列的问题而不是主张联系起来的。"④可以说，在社会科学的"经验论"和"唯理论"立场之间，在历史方法和理论演绎之间，摩尔自然都更亲和于前者。摩尔只是基于经验研究做出了一定的归纳，但他在最终的结论上又往往暧昧不明，给自己留足了

---

① 〔美〕巴林顿·摩尔：《专制与民主的社会起源——现代世界形成过程中的地主和农民》，王茁、顾洁译，上海：上海译文出版社，2014年，前言第1页。

② 〔美〕巴林顿·摩尔：《专制与民主的社会起源——现代世界形成过程中的地主和农民》，王茁、顾洁译，上海：上海译文出版社，2014年，前言第1页。

③ 〔美〕巴林顿·摩尔：《专制与民主的社会起源——现代世界形成过程中的地主和农民》，王茁、顾洁译，上海：上海译文出版社，2014年，导言第2页。

④ 〔英〕丹尼斯·史密斯：《发现事实与价值：巴林顿·摩尔的历史社会学》，载〔美〕西达·斯考切波编：《历史社会学的视野与方法》，封积文等译，上海：上海人民出版社，2007年，第369页。

余地。他不愿为一种单一、片面、线性的进步观做注解。相反，他认识到，时间是单向的，社会变迁所带来的累加性的后果有时难以预测，常常喜忧参半，难以逆转。有时，人为纠正或强力干预的发展道路未必奏效。历史有它自己的内在逻辑，人们常常一厢情愿地"蚍蜉撼大树，可笑不自量"。现代化理论家们的简单复制、照单重复的社会改造工程是靠不住的。他们应当首先发现事实，而不应急于去创造理论。因为，在时间流变中，总是蹦出新的条件，来调整原先的情境。

摩尔在整体行文上弥漫着强烈的道德和伦理关照，他对现代国家的本质有种近乎悲观色彩的定义，他认为现代国家既可行善，也能作恶。他始终认为现代化过程是需要付出成本和代价的。解决不好"农民问题"，民主制度无从谈起。向前追溯，西方现代民主制度的建立也曾以暴力和血腥的英国圈地运动为条件，手段残忍而目的美好。对议会民主道路的肯定是与另一条更为残忍的法西斯道路做出比较之后才能得出的评价。议会民主道路的优越只是相对而言。此外，国与国之间的道路选择，也存在外部力量的相互干扰。摩尔敏锐地指出，"一个国家所选择的现代化方式会影响并改变下一个准备向现代化发展的国家所面临的问题之维度"，凡勃伦"后发优势"的提法具有启示意义。摩尔在讨论三条道路的关系时说："没有英国先前的民主式的现代化发展进程，德国和日本也不太可能选择反动的方式。没有资本主义和反动的经验，就算最终共产主义仍然会形成，其方式也将会截然不同。我们很容易地甚至可能会深感同情地意识到，印度所表现出来的畏缩不前在很大程度上出于对所有这三种革命形式的先前历史经验的负面教训的批判性反应。尽管在工业社会的建设过程中确实存在着一些共同的问题，但是这始终是一个会发生持续变化的任务。各种主要政治类型的先决历史条件相互之间存在很大差别。"①各地先决条件各异，而先发优势国家又会对后发国家造成一定影响，改变后发国家的发展契机和外部环境。后发国家有后发优势，可借鉴先发国家的经验，避免弯路，但同时先发国家也作为一个外部干扰，改变了后发国家所面临的现实困境，增加了后发国家所承受的阻力。在此，摩尔事实上注意到了时间序列的重要性。时间轴上的前后和早晚，都会影响政治进程的道路选择。社会转型的道路可以模仿却无法复制，因为时间不可逆。在时间中，"无论是个体还是集体，人类对一个'客观的'情形的反应，绝对不会像化学物质放在试管里之后所发生的相互反应那样"。他认为"这种严格意义上的行为主义形式是绝对错误的"②。事实上，文化也在充当着干预性变量，人的需求、期望以及既有经验造就的观念都会充当"过滤器"，筛选客观情形中对人有意义的那部分，并被人有意而为的加以强调，从而让各国的现代化初始条件千差万别，姿态各异。在社会结构与人的行动之间，在前者的限制与后者的选择之间，应当更加基于事实本身而做出判断。

摩尔在《社会起源》一书的正文之后，追加了后记《反动意象和革命意象》。他发问："在解释最终发生的结果时，我们究竟应该给那些普遍流行的观念、行为准则或价值观设置多大的权重？"③20世纪60年代，

---

① 〔美〕巴林顿·摩尔：《专制与民主的社会起源——现代世界形成过程中的地主和农民》，王茁、顾洁译，上海：上海译文出版社，2014年，第428页。
② 〔美〕巴林顿·摩尔：《专制与民主的社会起源——现代世界形成过程中的地主和农民》，王茁、顾洁译，上海：上海译文出版社，2014年，第501页。
③ 〔美〕巴林顿·摩尔：《专制与民主的社会起源——现代世界形成过程中的地主和农民》，王茁、顾洁译，上海：上海译文出版社，2014年，第500—501页。

彼时文化研究、新史学、话语理论等调用行动者主观能动性来抗辩社会结构论解释的潮流还没有出现，摩尔只是公开反对了行为主义科学的那种对人类行为做自然科学化处理的做法。事实上，他强调文化作为一种嵌入到人类思维中的趋势，依然是人作为社会人而获得的一种行为方式。文化惯性本质上来自于社会现实中的利益和特权，换言之，所有的文化表达都依然是社会结构中各方利益博弈的最直接反映。虽然，摩尔力图解释在走向现代社会的过程中农民付出了巨大的代价，但他也反对罗曼蒂克式的"加图主义"[①]。社会保守势力对传统农业乡村的粉饰和歌颂也同样问题重重。加图主义的现代形式同德意志的容克地主圈、日本重农主义运动、俄国黑帮分子和法国维希政府的极端保守派都有内在的联系，是一种反工业化、反现代化的思潮。由此，加图主义者针对现代资本主义的弊端，呼吁展开彻底的道德重建。这事实上遮盖了对现存社会条件的现实性分析。摩尔一再强调要对当时、当地的现存社会条件予以客观的考察，穿越理想主义的浓雾，认识真正的乡村。一个政治现实主义者，是尊重历史和尊重现状的。真实的情况是：农民的想法总是非常务实而简单，迫切而直接。为其镀上一层理想主义色彩，只是后世学者的一厢情愿，画蛇添足。抽象政治概念，如自由、平等、博爱，对于"每天在自己的村庄里不断见到他人因为财产和女人而发生恶毒争吵的农民来说，显得非常古怪和不可理喻。其实，对于农民来说，博爱更多是一个负面概念"[②]，地方主义是农民与生俱来的信仰。在农民所天然形成的社会概

---

① 古罗马时代的政治家和散文作家老加图（Cato Maior）或称检察官加图（Cato Censorius），以《农业志》一书存世。他力主要回归罗马原有的古朴状态，鼓吹田园牧歌，美化乡村生活。事实上是一种阻止社会进步的理想主义臆断。

② 〔美〕巴林顿·摩尔：《专制与民主的社会起源——现代世界形成过程中的地主和农民》，王茚、顾洁译，上海：上海译文出版社，2014年，第515—516页。

念中不存在利他主义，农民对养活城里人也没有任何抽象的兴趣和热情，"外来者"只会跟税收和贷款相关，而同村乡邻则会在农忙时搭把手、帮个忙。农民的地方主义是具体经验的产物，是在日常经历中活出来的实用观念和应时帮助。从这个意义上说，英国内战时期，法国革命时期，18—19世纪的俄国，以及20世纪的亚洲，时空转换，换了人间，各时各地的农民境况迥异，他们的不满及其表达也千差万别。历史特殊性是不容回避的硬性条件和解释前提。结合20世纪60年代美国学界对宏大理论打包一切、解释一切的野心，摩尔的这一判断在当时是振聋发聩的。他的这一立场也引入了一种尊重历史的研究转向，并激励了后进学者，构成了对现代化理论的批判。

但整体而言，在社会结构的外在强制和历史主体的主观能动性上，摩尔依然认为要从结构因素造成利益受损，从而引发反抗情绪去解释历史主体对既有社会结构的摧毁。他依然是个结构论者，只是要求在解释链条中着意关注现实时机和当下境况。最终，摩尔说："至于关于一个自由、理性社会，这一古老的西方梦想是否永远只是一个妄想而已，没有人能有确切的认知和把握。但是，如果未来世界的人们真的想要冲破当下的锁链，他们也不得不努力去理解形成这些锁链的力量。"[1]这正是摩尔的落脚点和写作《专制与民主的社会起源》一书的目的：解释过程，却不预测未来。摩尔对人性的体恤和怜悯来自对现实的真切观察，而非理想主义的政治理念，他认为学者最务实的工作就是去还原历史过程中的因果机制，并将其忠实呈现。

---

① 〔美〕巴林顿·摩尔：《专制与民主的社会起源——现代世界形成过程中的地主和农民》，王茁、顾洁译，上海：上海译文出版社，2014年，第526页。

至此，可以总结出巴林顿·摩尔对美国历史社会学的价值所在。首先，他的通才眼量和入世情怀让他很难像实证主义者那样完全机械而价值中立地拿起冰冷的手术刀去剖析社会。相反，他的写作是有温度的，有体恤的，在他那里，人们看到的是尘世中具体的、不规则的一系列因果链条，而不是经过科学抽象后的单一线索和整合起来的理论模型。让理论模型无所不包，精密不比，这是结构功能论所致力的目标，而摩尔却认为：能够解释一切的理论是不存在的。

历史不是科学的草图，法则并不能预知一切。因此，摩尔展现出了他的第二个立场，即将多线程并行，承认前后线程之间也存在路径依赖的干扰。从这一判断，人们可以看出摩尔对时序位置的关切。他对于流变不居之社会进程的理解始终是随着时代和空间的转换而予以调整的。特例与反例，偶然与意外，都可以在他的著述中获得言说的余地。

第三，虽然摩尔是一个典型的社会建构论、结构主义分析的代表，但是他同样没有忘记对人性的理解，他始终将他的理论限定在对现实情境的关切之中，而不寻求过度恢宏而抽象的提炼。他甚至对历史的确定性表示怀疑，有种拒绝做出预测的态度。当然，在方法论上，宏观历史比较对历史社会学的发展具有重要的意义，此处并不展开。而是放在随后讨论西达·斯考切波《国家与社会革命——对法国、俄国和中国的比较分析》的章节中予以呈现，并进而说明摩尔、蒂利和斯考切波三人对历史比较的认知。

但需要特别加以澄清的是：由摩尔所开创的这类历史社会学的比较只是一种"类型学"比较，它的最小对比单位都是被打包后的社会团体、某个阶级或经过精心拣选的具有一定相似性的历史事件和整体进程。摩尔笔下的比较与启蒙时代启蒙文人所展开的那种宏大文明和国别比较有相似之处。启蒙思想家们也曾经在"发达"与"落后"的这种进化论思维中强调对不同社会的并置和对观。并且这一研究理路也被后来的现代化理论所继承。这类恢宏的整体性比较，从启蒙运动开始，到20世纪中叶的现代化理论，再到随后的历史社会学，都脱不去一种潜在的目的论假设，即历史中存在某种相似的、可以作比的过程或结构，并且这些过程和结构的最终方向是一致的。这一思路也并没有完全彻底地突破实证主义哲学的理论预设，历史学家，特别是深刻浸入在历史主义传统中的德国学者对此类比较存在保留态度。德国社会史家于尔根·科卡就曾说："从历史学家的角度看，这些处于'比较政治学'、历史社会学与历史学之间的类型学很成问题。因为它们将历史过程理解为'类型式'的过程，把它们看成具有典型的发展方向的现象。""容易低估历史的多样性、灵活性与未终性。"①在高度历史主义的学术语境之下，历史比较很难生存，因为历史学家需要无限接近原始材料，去发掘每一历史现象的独特之处。寻找不同历史现象的差异容易，而归纳它们的相似则困难重重，这需要一些基本的归纳标准和拣选原则，但这又违背了史家处理史料的客观性原则。换言之，"我们不能对现象作全面性比较，而总是只能作某个方面的比较。愿意作选择与抽象思考是比较的前提"②。而从现象提取理论的过程就是一种历史失真的过程。因此，宏观历史比较一定是有所遗漏的，而不能穷尽历史的全部真相。从这个哲学意义上看，宏观历史比较的方法事实上是与纯粹的历史主义立场不能兼容的。由此，摩尔的这种比较

---

① 〔德〕于尔根·科卡，《论历史比较研究》，载〔德〕于尔根·科卡：《社会史：理论与实践》，景德祥译，上海：上海人民出版社，2006年，第57页。

② 〔德〕于尔根·科卡，《论历史比较研究》，载〔德〕于尔根·科卡：《社会史：理论与实践》，景德祥译，上海：上海人民出版社，2006年，第59页。

方法"叫好不叫座",它的确是能揭示出一些令人豁然开朗、耳目一新的结论,但历史学家往往阅读他的作品,却很难直接采用他的方法,并对摩尔在征引一手材料上的轻率和不足而难以释怀。

此外,从纯粹的历史学家的角度看,摩尔在处理史料和评判史事上的确问题不少,甚至争议连连。在《专制与民主的社会起源》一书出版后的第二年,历史学家劳伦斯·斯通(Lawrence Stone)就曾发表书评,称此书是"略有瑕疵的巨著",并指出:该书把日本和德国的威权主义处理为了一种长时段中的特征,而它本应只是一个过渡性的历史阶段(a passing phase);该书夸大了历史上暴力活动的重大意义,却低估了意识形态的影响;该书还过于强调了美国内战的转型性意义和英国圈地运动中的暴力强制。[①]正是因为摩尔讨论的范围过于宏观,以至于他对一手史料的运用也极为有限。使用二手材料来解释历史现象,这后来成为历史社会学家的通病,也成为历史学家难以广泛接纳历史社会学家的最主要障碍。靠跑档案馆、爬梳史料为生的历史学家总能找出历史社会学家在历史解释上的挂一漏万和误读误用。

但是笔者认为:个别史事上的求全责备并不阻碍历史社会学在方法论上对美国社会科学的挑战和冲击,它的最初的攻击指向是冲着社会科学的,且是从历史学中汲取启发去挑战权威的。以历史主义的眼光,从具体的学术史中的位置来看,摩尔的贡献不容置疑。

一言以蔽之,摩尔之于历史社会学的发展,有开宗立派之功。正如蒂利所言:"巴林顿·摩尔奠基了一块花岗岩质地的(坚固)石板,在此

---

① Lawrence Stone , "News from Everywhere" [review of Barrington Moore, Ir., Social Origins of Dictatorship and Democracy], *New York Review of Books*, August 24, 1967, pp. 31-35.

之上，其他学人得以有所建树。"①

二、查尔斯·蒂利：从《旺代叛乱》到《强制、资本与欧洲国家，公元990—1992年》

查尔斯·蒂利（Charles Tilly），享誉世界的社会科学家，为美国历史社会学最具标志性特征的人物之一，曾获美国社会科学研究委员会（SSRC）颁发的"阿尔伯特·O.赫希曼奖"、美国社会学界"终身成就奖"和国际政治学会颁发的"卡尔·多伊奇奖"。密歇根大学甚至还设立了以其名字命名的讲席教授职位。自1958年在哈佛取得博士学位，凭其博士论文《旺代叛乱》进入学界，到2008年因淋巴癌不幸去世，中间整整经历了半个世纪，蒂利笔耕不辍、著作等身。蒂利见证了结构主义社会学在美国的发展缩影，"在时间维度上将传统社会学静态的、涵盖律导向的结构主义思维改造为历时性的、动态的、多层次的社会机制"②。蒂利与强调社会网络的哈里森·怀特一起成为"新哥伦比亚学派"的代表人物。

蒂利的关门弟子李钧鹏教授曾对先师一生的成就做出了如下的总结：

> 蒂利的研究体现出深刻的历史维度：他长期关注宏观社会与政治变迁，追踪社会结构与形态的历史延续和断裂，注重历史事件在历史发展中的作用，强调研究对象在截面和纵面上的差异。同时，他的研究以揭示历史现象背后的因果机制为宗旨，研究的问题呈现

---

① Charles Tilly, *Big Structures, Large Processes Huge Comparisons*, New York: Russell Sage Foundation, 1984, p.120.

② 李钧鹏：《新哥伦比亚学派？》，《读书》2011年第7期，第62页。

出鲜明的社会学色彩，并重视理论的检验与积累。和沃勒斯坦一起，蒂利开创了一种独特的社会科学理路：历史社会科学（historical social science）。不同于历史社会学，这种理路拒绝将对历史的考察和理论化界定为社会科学研究的一个分支，而主张历史性是社会现象的固有特征和内在结构，对历史的关注必须渗透于一切社会科学研究中。[1]

李钧鹏对蒂利的评价超出了历史社会学本身，而是从一种整体意义的社会科学方法论角度谈及了蒂利的价值所在。蒂利从社会学起步，横跨政治学和历史学，最终因其跨界研究的杰出成果而被视为社会科学巨擘。他的成功之处就在于：将历史学家所特有的"对时间的敏感"注入到了对静态社会结构的解释中去，并在中观机制解释层面将理论与现实对接，使其实证研究的说服性大增。在他身上体现出了一种在20世纪50—60年代的社会学家身上所罕见的历史主义的思考方式。

后辈学者乔治·斯坦因米兹（George Steinmetz）曾写专文讨论过他的特立独行，并总结指出："蒂利在美国历史社会学中发挥了相当革命性的影响。……是在美国社会学中重新引入历史的敏感和方法的中心人物，……蒂利在社会学中重振（reinvigorated）了历史的事业，而这项事业在1930年代以后在很大程度上陷入冬眠。"[2]

---

[1] 李钧鹏：《蒂利的历史社会科学——从结构还原论到关系实在论》，《社会学研究》2014年第5期，第191页。

[2] George Steinmetz, "Charles Tilly, German Historicism, and the Critical Realist Philosophy of Science", *American Sociologist*, Vol. 41 Issue 4 (Dec. 2010), p.313.

从着手第一部专著开始，蒂利就走进了当时社会学家不会涉足的故纸堆和档案馆，与历史学家成为同一个战壕中的战友。他的博士论文《旺代叛乱》写的正是法国大革命中的一场农民暴动，这场暴动旨在阻止革命风暴向农村地区深入推进，曾被视为一场反时代潮流的暴乱。旺代叛乱被蒂利称之为"欧洲大规模乡村叛乱最后一幕中的一场"，其爆发的原因在于"特定的乡村权益受到了侵犯"（specific violations of rural rights），虽然旺代地区的资产阶级登台掌权获得了中央政府的撑腰，但他们却在乡村地区没能赢得剩余民众的广泛支持。[①] 在1793年到1796年间，法兰西安茹省南部的底层农民表达了对教权和王权等旧势力的效忠，甚至喊出了"国王万岁！神父万岁！还我国王，还我神父！"的口号。这似乎是逆历史潮流而动，与周边"革命的"和"爱国的"地区形成鲜明对比，表现出了令人意外的保守立场。[②] 蒂利正是从解释这种"反常"入手，试图在超出规律性解释之外的偶然特例中去发掘其内在的历史逻辑，从而揭示出一种特定时空背景之下的社会结构，并进而对其做出归纳。蒂利说他本人要回答的是："为什么是旺代（发生了反革命叛乱），而不是其他地方？"他用大部分篇幅处理叛乱发生之前的各类事件和社会安排（social arrangements），他要从城市化和乡村共同体的组织中来看当时的社会情境，并从中辨识出政治动荡所发生的条件和进程，解释为何旺代本地的农民竟然反对革命。[③]

---

① Charles Tilly, *The Vendée*, Cambridge: Harvard University Press, 1964, vii-viii.

② 1966年，巴林顿·摩尔在出版其《专制与民主的社会起源》时，特别引用了蒂利的这本书，并将其作为讨论旺代叛乱的主要依据。参见〔美〕巴林顿·摩尔：《专制与民主的社会起源——现代世界形成过程中的地主和农民》，王茚、顾洁译，上海：上海译文出版社，2014年，第92—101页。

③ Charles Tilly, *The Vendée*, Cambridge: Harvard University Press, 1964, pp.1-13, 339-340.

美国社会学理论家、社会史家小威廉·休厄尔[①]曾将蒂利的这部书称为"社会史的楷模",他指出:社会科学家们的研究缺少那些真正具有历史意义的内容,例如在叙事上对偶然性、背景条件、能动性以及充分调用文献档案所展开的研究都是匮乏的。正是在这样一种社会学讨论缺失历史内容的学术背景之下,更准确地说是在1964年,休厄尔才觉得蒂利的《旺代叛乱》一书对自己极具启示(revelation)色彩,令其耳目一新、豁然开朗。[②]正是那些曾被社会科学家们所忽视的"时空特殊性"最能解释这种反常政治立场何以出现。既有的社会学解释存在明显的不适用性,需借助历史学对背景的细致剖析来呈现出特定区域的独特社会关系和社会风貌。只有理解了旺代地区的农业尚未实现商品化,而周边革命地区因实现了农业商品化而对其造成冲击的现实,才能从地方经济结构的巨大差异上明白为何农民跟贵族站在了一边,去反对左翼力量的推进。蒂利的研究表明,在马克思主义者们用阶级分析来解释资产阶级革命和封建反动势力的框架中,需要给前现代社会中的农民及其地方化诉求留下充足讨论空间。法国自有法国的特点,特别是在法国乡村社会,抵制资本主义入侵是一定历史时段内的经济现实。在特定地区,地方贵族对当地农民所施加的负担相较其他地方更为轻省,而日渐发展起来的商业贸易和制造业生产却进一步造成城镇市民和商人阶层对乡村底层民众的挤压和打击。旺代地区,极具孤立性,地处偏远而无法触及法国现

---

① 小威廉·休厄尔与蒂利一样都是很早就在历史学界被广泛认可和接纳的社会学家和社会理论家,跨界影响很大。著有:William H. Sewell Jr., *Logics of History: Social Theory and Social Transformation*, Chicago: University of Chicago Press, 2005. 参见〔美〕小威廉·H. 休厄尔:《历史的逻辑——社会理论与社会转型》,朱联璧、费滢译,上海:上海人民出版社,2012年。

② William H. Sewell, Jr., "Charles Tilly's Veedee as a Model for Social History", *French History Studies*, Vol.33, No.2 (Spring2010).

代社会转型的内在动力，无论是国家整合程度的提升还是资本主义商业潮流的进步都尚未惠及此处。由此，农民从眼前生计的切实利益考量，更加青睐旧秩序而不欢迎大革命。他们是基于一时一地一群体的私利而做出了拒斥现代性的暴力表达，而这种表达本身并未经过缜密的深思熟虑和充分的预先准备。并没有显著的证据能够表明：在旺代叛乱过程中，当时当地的乡村社会中已经出现了大批游民和革命暴徒，或者形成典型意义上的领导反革命的政治组织。因此，用阶级斗争的分析路径并不能足以解释旺代的反常。正如巴林顿·摩尔后来总结的，"在革命、反革命以及内战中有一个重要关头，正是在那时，人们突然意识到，他们已经不可避免地被从自己所了解并且生活了一辈子的世界抛离。在不同的阶层和个人看来，现存制度土崩瓦解和富有挑战性的突变的到来时间是不尽相同的"，"农村现存的社会秩序从大家都接受的合法秩序直接转变成为反叛的基础"①。这段话充满了对历史之玄妙而不确定的感慨。嵌入在历史中的人，他们常常身不由己地遭逢意外，面临多因素偶然凑合而成的时机（timing），临时起意，并不深谋远虑，却又给历史留下了深刻的伤疤。

面对法兰西革命大潮中的这股微弱逆流，蒂利试图从地方特殊性所造成的孤立的、独特的社会构造来解释旺代叛乱的发生机制。他就事论事，深挖史料，揭示原貌，认定解释旺代的逻辑无法套用于法兰西的其他地区，同样其他有关革命和反革命的解释也无法套用在旺代这个特例上。作为社会学博士，他的这种非典型研究引起了历史学家的注意，因为关注

① 〔美〕巴林顿·摩尔：《专制与民主的社会起源——现代世界形成过程中的地主和农民》，王茁、顾洁译，上海：上海译文出版社，2014年，第100页。

特殊一直是历史学家们的看家本领。蒂利也让美国主流社会学中致力于建构普适性革命类型学模式的学者们深感震惊,因为他们一直致力于总结规律。蒂利,引发了历史学家和社会学家之间的面面相觑。蒂利的《旺代叛乱》一书事实上首版于1964年,比摩尔的《专制与民主的社会起源》一书的公开出版还早了两年。两书有异曲同工之妙,但因为当时摩尔已经是哈佛的知名教授而蒂利只是初出茅庐的博士毕业生,且《旺代叛乱》一书的议题偏小,所以并不足以让蒂利马上扬名立万。这本书的价值事实上是越到后来越被重视,它所带来的"惊异之感"需要时间的消化。

后来,正是因为蒂利在跨学科的路数上越走越远,使得他的著述受众更为广泛,激起了来自不同学科的学者们的关注和热议。除了早年让他一举成名的《旺代叛乱》,纵观蒂利一生的作品,也许可以说以下三本最为畅销且极具影响:一是在早期的集体行动研究领域中,具有经典教科书性质的《从动员到革命》[①];二是作为抗争政治研究中的三驾马车之一,与同侪合著的总结性著述《斗争的动力》[②];三是在历史学界认可度最高的《强制、资本与欧洲国家,公元990—1992年》[③]。美国北卡罗来纳大学的一位学者曾统计了一份名为《2008到2012年间社会学最常被引用的102本书》的榜单[④],广为流传。在这份榜单中,蒂利这三本书中的前两本都榜上有名。而《从动员到革命》早就被美国社会学会选为

---

① Charles Tilly, *From Mobilization to Revolution*, Mass.: Addison-Wesley Pub. Co.,1978.

② Charles Tilly, Doug McAdam and Sidney Tarrow, *Dynamics of Contention*, NewYork: Cambridge University Press, 2001.参见〔美〕道格·迈克亚当,西德尼·塔罗,查尔斯·蒂利:《斗争的动力》,李义中、屈平译,南京:译林出版社,2006年。

③ Charles Tilly, *Coercion, Capital, and European States, AD990–1992*, Cambridge, MA.: Blackwell Publishing, 1992.

④ Neal Caren, "The 102 Most Cited Works in Socioloogy, 2008–2012", Neal Caren, http://nealcaren.web.unc.edu/the-102-most-cited-works-in-sociology-2008-2012/, June1, 2012.

1970—1995年最具影响的17部著作之一。^①20世纪90年代初面世的《强
制、资本与欧洲国家，公元990—1992年》一书是蒂利为了回应马克思
主义历史学家佩里·安德森（Perry Anderson）1974年出版的《绝对主义
国家的系谱》^②一书而做的，并在1975年与他人合著的论文集《西欧民
族国家的形成》^③一书的基础之上加以提炼完成。该书作为实证研究的杰
作，追溯了长时段中欧洲的国家形态演进，有力反击了采用目的论方式
解释国家变迁的旧有倾向（以现代化理论和政治发展理论为代表），呈现
出了一种依从历史本来面目的立场。他着意于充分讨论历史发展路径的
多元和偶然，这是对摩尔研究路数的继承。

　　蒂利的学术研究《强制、资本与欧洲国家，公元990—1992年》与
其成名作《旺代叛乱》和巅峰之作之间存在着一脉相承的历史主义的叙
事风格。写旺代叛乱时所积攒的来自法国地方档案馆中的一手史料被蒂
利反复使用了一辈子；《旺代叛乱》一书中的"城市化主题"和"中央集
权化国家的发展及其遭遇的地方抵抗"都进一步在蒂利随后的研究中被
加以提炼，分别抽象为"资本"与"强制"的概念。

　　下文先简要介绍一下该书的内容，然后将会重点讨论这本书是如何
推动了美国历史社会学的进一步发展。

　　在《强制、资本与欧洲国家》一书中，蒂利认为，在世界历史中，第

　　① Dan Clawson eds, *Required Reading: Sociology's Most Influential Books*, Amherst:
University of Massachusetts Press,1998.

　　② Perry Anderson, *Lineages of the Absolutist State*, Atlantic Highlands, N.J.: Humanities
Press, 1974.

　　③ Charles Tilly eds, *The Formation of National States in Western Europe*, Princeton,
N.J.: Princeton University Press, 1975.

二个千年的前半期，即大约在990年之后的几百年间，欧洲多小国的地缘政治现实使得对外战争成为国家需要加以应对的主要问题。国家必须采取有效的强制手段，提取足够的国内资源，并与国内资本适度结合，才能支撑起耗费巨大的战争，进而确保其外部疆界的稳固。国家以税收为主要手段的战费征集必然会引发民众的抵制和反抗。正是在这样一个漫长的国家"榨取"与民众"反榨取"的博弈过程之中，国家和其国民形成了一种议价（bargaining）过程，国家为换取国民支持不得不承担一些"意外的负担"，即国家需要不断建立并完善服务于民的行政机构（对内的警政事务就是最典型的案例），国家的目的也变得越发多元。战争推动了国家的发展，其实际后果是让国家承担了除战争之外的更丰富的职能，国家开始不再被战争所绑架，而是具有了相当多的自主性。战后，国家的形态发生了巨大变化并不可逆转地就此定型。

在"国家形成"①的过程中，"资本"（金钱与资源）与"强制"（权力与暴力）的不同结合方式，决定了不同国家的主要财政来源以及统治者与社会各阶级之间的联盟关系，榨取效率的差异也导致了国家机构在设置上的差异，进而决定了国家的维持成本和国家的外部型构。蒂利的国家类型学分类将较为典型的欧洲国家的成长道路分为了三条："强制密集型道路"（coercion-intensive path），"资本密集型道路"（capital-

---

① 蒂利明确指出他要用"国家形成"（state formation）一次取代政治学的既有学术史中常用的"国家建设"（state building）和"政治发展"（political development）这两个术语，他立志于要剔除后两个概念中隐含的"事后诸葛亮"式的意图性引导和目的论假设。也就是说要以更中性的客观历史观察来还原国家形态真实而多样的发展过程。Charles Tilly, "Why and How History Matters", In *Oxford Handbook of Contextual Political Analysis*, Robert E. Goodin and Charles Tilly eds, New York: Oxford University Press, 2006, p.419.

intensive path）和"资本化强制道路"（capitalized coercion path）。[1]这三条道路，分别塑造了三种国家类型：帝国、城市国家和现代民族国家。这三者，在国家汲取财源的效率上各不相同，国家与国民间的协调和沟通能力不同，也催生出了规模大小不一的国家行政机构。三条道路的具体差异参见表4-1。

从表4-1中，我们可以看出，国家榨取资源的手段和各国具体的阶级结构直接决定了国家的运营效率：那些越是榨取困难、与民众反复扯皮的国家，越具有庞大的行政官僚机构；国家的成本越是居高不下，越是难以为战争提供足够且稳定的财源，以至走向衰落或从属地位。在漫长的历史筛选中，帝国和城市国家都无法像民族国家那样出色地协调好国家机器和资本的互惠关系，由此，民族国家成为一种标杆式样的国家形态，并最终奠定了它在19世纪之后的胜出。蒂利描述了不同国家形态在外部动态竞争中的历史处境，同时还解释了各国内部抗争政治的不同特点。这是蒂利对现代民族国家形成所做出的最具原创性的解释。

此处并不就该书的实证解释做进一步的探讨，而是从该书面世的前后背景来看看为何此书得以成为"历史社会学"的代表佳作，它在学术史上应当如何评价。

首先，蒂利是在"回归国家学派"（Bringing the State Back In）[2]的浪潮下介入对国家的讨论的。在这一学派的推动下，"国家"，特别是典型

---

[1] 蒂利的总结性表述可见：Charles Tilly, *Coercion, Capital, and European States, AD990–1992*, Cambridge, MA.: Blackwell Publishing,1992, pp.90, 94, 99, 127–161.

[2] 这一学派的作品以此论文集为代表：Peter B.Evans, Dietrich Rueschemeyer and Theda Skocpol eds, *Bringing The State Back In*, New York：Cambridge University Press, 1985.

表4-1 蒂利的国家类型学分类一览表

资本和强制的空间分布决定了不同的国家形成的轨迹	强制密集型	资本密集型	资本化强制
主要依赖的税种和财源	人头税和土地税	通过公共信贷或对流通的货物征税	多种税源，相互补充，稳定而持久
阶级结构的特点	战争所需的资源多嵌入（embedded）在农业中，由地方豪强掌握，他们有相当大的自主性	国家严重依赖于金融资本家的襄助	统治者同时依赖地主和商人，创造出贵族遭遇金融家的双重国家结构
资源榨取效率	效率低，榨取资源常采取多种形式的结合，如征用、摊派、代理人制、征召或高压手段征税，通常遇到的阻力很大	效率中等且不稳定	效率高，能够建立常规的获取资源的管道，获取资源的总量更大且更稳定
政府机构规模	庞大冗杂	精简，甚至缺乏独立于资本家的独立的国家财政机构	适中，完善且高效。作为与民众协商的后果，产生很多非军事的社会服务机构
代表国家	北欧三国，俄国	17世纪的荷兰，热那亚，威尼斯	法国，普鲁士，不列颠群岛

注：本表参见孙琇：《解读蒂利——查尔斯·蒂利的政治转型研究与美国历史社会学的发展》，济南：山东人民出版社，2015年，第68页。

意义上的现代民族国家（national state）成为新的分析单位，试图取代"经典现代化理论"所关注的笼统的"社会"概念。"重新发现国家"意味着要把国家视为一种强有力的历史行动者，国家可以借助其政策的制定来调节社会团体之间的关系，进而影响政治和社会生活的具体进程。国家具有自主性（autonomy），"国家"与"社会"的互动是这一学派研究的重点。他们的经验研究具有三个面向：一是讨论国家如何在推动经济发展和社会再分配中发挥作用；二是在现代世界体系中，关注国家如何在应对他国挑战的过程中形成现代国家形态；三是关注国家如何影响了社会中各个团体和阶级，这一点涉及集体行动、社会运动和抗争政治。蒂利聚焦于第二和第三个面向。《强制、资本与欧洲国家》一书专谈第二个面向，即在"欧洲多小国"的多国竞争中复原处于形成过程中的现代民族国家，发掘国家形态在几百年演进中的具体路径。蒂利对"回归国家学派"的最主要贡献在于他一下子拉长了讨论的时段，他并不聚焦西欧现代民族国家定型之后的模样（这是大部分社会学家习惯于聚焦的），而是重点考察其前期的漫长发展轨迹（这往往是历史学家的习惯），并在这一轨迹中努力寻找一种中层理论的"机制"（mechanism）解释。他的"强制与资本的逻辑"在理论上提炼了历史上的"国家"与"城市"间的关系，即"现代民族国家崛起"和"和资本主义发展"之间的关系。他认为这两者的关系在爱恨交织中摇摆不定，但两者又谁也离不开谁，相互锤炼，彼此塑造，因此，他称其为"城市与国家辩证法"①。

　　这里还要简单追溯一下蒂利对国家理论的思考历程，也就是此书出

---

① Charles Tilly, *Coercion, Capital,and European States, AD990-1992*, Cambridge, MA.: Blackwell Publishing, 1992, pp.2-5.

版的背景。1969年，美国社会科学研究委员会（SSRC）下面的比较政治委员会曾发起过一项倡议，号召学者来参与对欧洲国家的研究，其最初的目的是要为现代化理论视野下的"政治发展理论"寻找更多的同道研究者，并希望借此能为这一理论背书。1970年，加布里埃尔·阿尔蒙德（Gabriel Almond）与查尔斯·蒂利合作，在斯坦福大学的行为科学高等研究院组织了一个工作坊。然而，在人员选取上，蒂利自作主张，吸收了更多具有历史学研究热情并对历史上的变迁高度敏感的学者参与其中。这批学者断断续续讨论了四年多，在1975年推出了一本论文合集《西欧民族国家的形成》①，但这本书却背离了最初的召集人和资助者阿尔蒙德的初衷，成为用历史学视角来修正甚至是批评政治现代化理论的一本名著，甚至有学者认为：此书"摧毁了比较政治中的现代化范式"②。发起人最初的意图适得其反，但却由此打开了一个新视野，政治过程论开始流行，即着意强调对政治事件之历史背景的特别追溯。这在学科壁垒相对封闭的20世纪50到60年代，对那些被框定在社会学或者政治学学科范畴之内的学者而言，的确是有些突兀和意外。但到20世纪70年代，学科对话的开放态势已经势不可挡，帕森斯等人的宏大理论遭遇到了更为激烈地批判，蒂利的这一"偷梁换柱"之举反倒为国家研究一下子提供了一条新路子。在这本论文集中有三篇蒂利写的文章：位居首尾的两篇《对欧洲国家—建构的反思》与《西欧国家—建构和政治转型理论》；外加一篇有关"粮食骚乱"的专题论文《现代欧洲的食物供给和公共秩

① Charles Tilly eds, *The Formation of National States in Western Europe*, Princeton, N.J.: Princeton University Press, 1975.

② Mark Lichbach, "Charles Tilly's Problem Situation: From Class and Revolution to Mechanisms and Contentious Politics", *Perspectives on Politics*, Vol.8, No.2 (June 2010), p.544.

序》。①首尾两篇充分言明了蒂利在20世纪70年代时对国家理论的思考，可以让我们看到《强制、资本与欧洲国家》一书的具体构思过程和升华之处。1985年，蒂利又发表了经过进一步提炼的《作为组织化犯罪的战争发动与国家建构》②一文，并被载入回归国家学派的代表作《将国家带回来》③一书。这篇文章也可被视为是《强制、资本与欧洲国家》一书的提纲或概要。1990年，《强制、资本与欧洲国家》一书正式面世，并在两年后出了一个修订版，增补了《1992年的军人与国家》一章，表达了他对当代政治现状的关怀。事实上，在修订版中，蒂利是借分析当代第三世界中失败的国家建构经历来进一步证明欧洲经验是难以被复制的，因为欧洲经验具有自身的特殊性。他说："我希望，本书展示了欧洲国家形成的极大偶然性（great contingency），事实上，民族国家最终战胜其他形式的各类政治组织也正是源于一种偶然性。"④

蒂利对"回归国家学派"的贡献就在于他强调了一种对国家的动态认识，即把国家从抽象的政治概念，还原为一种嵌入在生动情境中的不断发生变化的历史现象。蒂利从财政军事型国家的分析路径入手，对国家的内外职能从单一到复杂的过程做出了一种细致剖析，他关注的是国家的发

---

① Charles Tilly, "Reflections on the History of European State-Making", "Western State-Making and Theories of Political Transformation" and "Food Supply and Public Order in Modern Europe" in Charles Tilly eds, *The Formation of National States in Western Europe*, Princeton, N.J.: Princeton University Press, 1975.

② Charles Tilly, "War Making and State Making as Organized Crime", in *Bringing The State Back In*, Peter B. Evans, Dietrich Rueschemeyer and Theda Skocpol eds, New York: Cambridge University Press, 1985.

③ Peter B. Evans, Dietrich Rueschemeyer and Theda Skocpol eds, *Bringing The State Back In*, New York: Cambridge University Press, 1985.

④ Charles Tilly, *Coercion, Capital, and European States, AD990-1992*, Cambridge, MA.: Blackwell Publishing, 1992, p.224.

展过程和构成性机理，他始终有意而为地要为已经定型了的政治和学术概念做一种"前史"追踪，复原概念的形成轨迹。由此，他也被视为政治学界中政治过程论的知名代表。过程论是对静态结构论的一种更新。

第二，我们需要特别留意蒂利全书中所弥漫的历史主义[①]的论调。蒂利多次强调了现代民族国家是在与帝国和城市国家的长期竞争中偶然胜出的。他说：

> 只是等到了惨烈的16世纪，国家间的战争在规模和军费上极度扩张和膨胀，这才给予民族国家以确定的优势，使之超过了在此之前一直在欧洲大行其势的那些帝国、城市国家和联邦（federations）。欧洲人也不是沿着单一的道路走向民族国家的。在欧洲大陆的不同地区，集中起来的资本和集中起来的强制各具相对优势，这构成了一种函数公式（function），推演出三种在部分内容上显著不同的转变模式——强制密集、资本密集和资本化强制——同样，这也为统治者、地主、资本家、工人和农民刻画出了极为不同的人生经历。循此道路，曾经存在过的大多数国家消亡了，而留下来的国家也在国家形式和国家行动上经历了彻底地改变。
>
> ……
>
> 欧洲人所造就的国家体系风靡一时，但在过去，它却并非一直

---

① 在此，历史主义作为一种人文学科的特定属性与自然科学所强调的可重复的规律相对立，历史主义强调个体的独特性，以及在规律之外的偶然性，将个体置放在特定的时空背景之下予以个别考察，坚持以过去自身的视角来理解过去，避免时代错置（anachronism）的错误和事后诸葛的推断。

存在。它也不会在未来永世长存。①

在此，蒂利在全书结尾明确给定的结论中强调：在第二个千年的中期，欧洲多小国，多战争的特定历史机遇，让欧洲形成了三种不断竞争的国家类型，而历史筛选让其中的一种胜出，但这种现象有始有终，民族国家也并非会长生不老、万代永续。欧洲所发生的这一切，有其内生的条件和发展机制，无法拿欧洲经验来解释20世纪后半叶出现于第三世界的一些军人专权的新兴国家。因为"第二次世界大战改变了国家体系和体系中的各个国家"，"战争的特点在1945年之后变化甚大"。战后国家形成的过程远不同于战前，特别是这一时期西方的殖民地整个地转变成了正式独立的国家。"除个别地区存在克里斯玛式的国家领袖能够有意而为地对军队加以节制，在第三世界中，军队通常会抵制文职政府的管控。……（第三世界中的）很多国家通过在国际市场上兜售商品来获得岁入，然后在海外购买武器，并接受大国势力的军事援助，武装部队逍遥地绝缘于一种依赖，他们无须依赖由文职政府所授权的税收和征兵活动。"②二战后，很多新兴国家在努力实现"现代民族国家化"的过程中，很大程度上受到了外部因素的干扰，其内生的动力机制并未真正启动起来，不是水到渠成，反倒是赶鸭子上架。欧洲历史上的既有经验已经完全无法套用到新的历史境遇上。蒂利的胸怀令人佩服，他在修订本中所增补的《1992年的军人与国家》一章，事实上进一步表明了他的豁达，

---

① Charles Tilly, *Coercion, Capital, and European States, AD990–1992*, Cambridge, MA.: Blackwell Publishing, 1992, pp.224–227.

② Charles Tilly, *Coercion, Capital, and European States, AD990–1992*, Cambridge, MA.: Blackwell Publishing, 1992, p.197, pp.200–201.

即他始终把自己创造的有关国家形成的理论模型用于解释特定时段的欧洲历史，他一直公开表明其理论的解释范围极为有限。普适化的宏大理论为蒂利所厌弃，因为他要"如实直书"，呈现历史的本来面目，而这面目是如此多元、异质、令人捉摸不定，难以简化。

　　第三，如果我们把蒂利的现代国家形成理论放在学术史中来考察，就会发现蒂利处在了从"结构"到"文化"的转向上。根据菲利普·戈尔斯基在《超越马克思和辛茨了吗？讨论现代国家早期形成的三股理论浪潮》一文中的学术史分期，他曾把学者们对"现代国家的早期形成"理论分为了三股浪潮：1960年代末到1970年代初的第一代，信奉新马克思主义的学者以社会经济因素来解释现代国家的早期阶段，这一代人将阶级关系和交换关系（exchange relations）看作核心变量；1970年代中期开始，到1990年代初达到鼎盛的第二代学者，受到了奥托·辛茨（Otto Hintze）的影响，关注战争的推动和地缘政治的外部影响。蒂利和西达·斯考切波都属于这一代；而1990年代中期之后，文化社会学、米歇尔·福柯的权力理论和性别理论等新的理论探索加入了进来，构成了第三代的新推进。第二代到第三代反映了整体学术范式从"结构"到"文化"的转换。[①]据此观之，蒂利事实上正处在这样一种转换过程之中。蒂利的"强制与资本"的解释逻辑涉及了国际地缘政治所引发的战争，并细致考察了汲取军费过程中所激起的社会经济生活中的各个阶层的反应和抗争。他综合了第一代和第二代的一些分析要素。同时，蒂利的抗争

---

　　① Philip S. Gorski, "Beyond Marx and Hintze? Third-Wave Theories of Early Modern State Formation", *Comparative Studies in Society and History*, Vol. 43, No. 4, Oct., 2001.

政治研究又有向微观情境转向的姿态，他对抗争戏码/剧目（repertoire/repertory）的研究开始去探索那些无法用理性人假设所能解释的反常甚至荒唐的民众抗争形式。例如，他在《强制、资本和欧洲国家》一书第四章《国家及其国民》中细致讨论了国家为榨取战争资源必须面对同国民展开的"议价"博弈，在这个过程中，民众要求国家担负起一些道义性的行政管理和社会协调的责任。最终，"为了在战争的（技术）手段上更胜一筹，这催生出了国家的某些组织架构，而这些架构没有人曾计划创制，更别说对其心存期待了"，"没有国家能够逃脱某些被创制出来的国家组织上的（冗员）重负，虽然统治者总是想避免承担这些重负"①。以粮食骚乱为例，蒂利总结道："整体说来，反叛活动并不发生在人们最为饥饿难忍的时候，但当人们发现官员们未能采取合规的管控，容忍了牟利活动，或者最糟糕的是：授权将本地宝贵的粮食运到外地去，这时候，反叛就必然发生。"②"国家的管理者总是要不断平衡农民、粮商、市政官员、其自身的依附者和城市穷人的各方需要——当国家伤害到他们的特定利益时，所有人都会给国家制造麻烦。"③在此，国家变成了一个哄孩子的大家长，民众对国家的要求越来越多，甚至某些要求毫无道理。正如托克维尔在《旧制度与大革命》中所说的："……每个人都把自己所遭受的全部苦难归咎于政府。最无法避免的灾难都是政府所致，甚至

---

① Charles Tilly, *Coercion, Capital, and European States, AD990–1992*, Cambridge, MA.: Blackwell Publishing, 1992, p.117.

② Charles Tilly, *Coercion, Capital, and European States, AD990–1992*, Cambridge, MA.: Blackwell Publishing, 1992, p.118.

③ Charles Tilly, *Coercion, Capital, and European States, AD990–1992*, Cambridge, MA.: Blackwell Publishing, 1992, p119.

季节气候异常也是政府的错。"①国家必须扮演居间调停者的角色,平衡各方利益,摆平各样争端。国家的人员和组织架构在民众的多种协调诉求下变得膨胀,官僚机构的分工越发繁复。这无疑提高了国家的运作成本,与国家最初的建立初衷发生了偏离。也就是说,蒂利认为外部地缘政治引发的战争直接启动了国家建设,但国家建设在发展中,又获得了一种出人意料的国内动力,即抗争政治所带来的民众诉求。这种国内动力一旦启动就很难刹车,并最终让国家的职能变得多样且沉重——不仅要攘外,还需安内。历史境遇在时间轴上一步步推着国家向前走,不断锤打并雕琢出了现代民族国家的标准样式。学者们需要对锻造国家的工具——国内抗争政治予以研究。由此,在分析民众闹事以获取议价权的时候,学者们还需要深入到各方行动者的思想动机上进行直接考察。进而,分析地方政治文化变得不可避免。在社会结构之外,行动者的主观能动性也要予以剖析并深入解读。

蒂利表达出了必须发掘政治文化的意向,他晚年于2006年和2008年出版了《政治体制与抗争戏码》②和《抗争表演》③两本书,试图向"文化研究"靠拢。但更年轻的一代学者认为他的转型是不成功的,本质上还留有很强烈的结构主义色彩。蒂利是站在历史社会学内部研究范式更新换代的门槛上了。他自己早已充分认识到了结构主义分析路径的黔驴技穷,开始尝试向历史叙事的回归,但并不成功。这也是笔者为何会在后文中要特别分析《法国人民抗争史》一书的原因。蒂利的学生李钧鹏曾

---

① 〔法〕阿列克谢·德·托克维尔:《旧制度与大革命》,李焰明译,台北:时报文化,2015年,第143页。

② Charles Tilly, *Regimes and Repertoires*, Chicago: The University of Chicago Press, 2006.

③ Charles Tilly, *Contentious Performances*, New York: Cambridge University Press, 2008.

将蒂利的学术生涯分成了结构还原论、政治过程论、抗争剧目论、关系实在论和社会机制论五大阶段。[①]这五个阶段事实上反映了蒂利对"社会结构和历史主体之间关系"的认知变化。结构主义作为一种标签，往往是反人本主义的，它近乎冷漠地呈现没有主体的过程，维持了一种"人之死"，"作者之死"的状态，也就是说：在去个人化的价值判断和普世化的客观分析中我们无法捕捉那些时时刻刻正用生命历程去构成历史的历史行动者的精神世界。一直到20世纪90年代，"文化研究"席卷学界，造成了学者们所说的社会科学研究中的"文化转向"和"历史转向"，至此，结构主义的范式开始正式瓦解。

文化的自主性和行动者的能动性日渐为学者所重视，甚至成为分析的核心，这无疑淡化了社会科学研究中的"科学"色彩，似乎20世纪末的学者有"开倒车"的意思，要去发掘本学科被"科学"规训之前的传统资源。社会不断受到行动主体的反向建构，正如社会建构会框定人的行动范围。呈现结构与能动性的双向互动，就是要放弃单一的社会结构决定论而去微观考察"历史中的人"，重新进入"有人的研究"，让历史行动者的个体面目变得更为清晰。[②]从这个意义上讲，蒂利是心有意而力不足，美国的历史社会学在经历代际更替，但文化转向成功与否也有待时间的进一步检验。

---

① 〔美〕查尔斯·蒂利：《为什么？》，李钧鹏译，北京：北京时代华文书局，2016年第2版，《〈为什么？〉的理由（代译序）》。

② 对政治认同的研究被重新引入了抗争政治研究，相关的文献包括：Craig Calhoun eds, *Social Theory and the Politics of Identity*, Cambridge, MA.: Blackwell Publisher, 1994. Michael P. Hanagan, Leslie Page Moch and Wayne te Brake eds, *Challenging Authority: The Historical Study of Contentious Politics*, Minneapolis: University of Minnesota Press, 1998. Ronald R. Aminzade, eds, *Silence and Voice in the Study of Contentious Politic*, New York: Cambridge University Press, 2001.

三、西达·斯考切波:《国家与社会革命——对法国、俄国和中国的比较分析》

西达·斯考切波的著作《国家与社会革命——对法国、俄国和中国的比较分析》[①],被刘易斯·科塞(Lewis A. Coser)誉为"革命起源研究的里程碑式著作"[②],被小威廉·休厄尔视为"比较历史分析的典范","对革命的社会学有杰出贡献"[③]。此书在1979年首版的当年即荣膺赖特·米尔斯奖,次年又获得美国社会学学会颁发的年度杰出学术贡献奖。该书在学术界引发了广泛的关注,不断重印,并被译为多国语言,构成了美国历史社会学中结构主义分析路径的扛鼎之作。

这本书是斯考切波在哈佛大学的博士毕业论文,在内容编排上有很显著的三段论特点:她首先非常明确地提出了自己的立场和观点,然后通过具体的案例分析来论证并校验她的理论,最后做一简短小结。由此,该书具有非常明确的学术立场,并自陈了此书在学术史中的位置。本节将围绕此书的导论和结论部分,分三部分展开。在第一部分中,笔者将对斯考切波系统提出的新的有关革命研究的替代理论作一归纳。在第二部分中,结合国外学者的相关书评,对此书所遭受的质疑和批评进行一

① Theda Skocpol, *States and Social Revolutions: A Comparative Analysis of France, Russia, and China*, New York: Cambridge University Press, 1979. 参见〔美〕西达·斯考切波:《国家与社会革命——对法国、俄国和中国的比较分析》,何俊志、王学东译,上海:上海人民出版社,2007年。

② 〔美〕西达·斯考切波:《国家与社会革命——对法国、俄国和中国的比较分析》,何俊志、王学东译,上海:上海人民出版社,2007年,封底。出自美国纽约时报书评。

③ William H. Sewell, Jr. "〔Review〕:Ideologies and Social Revolutions:Reflections on the French Case", *The Journal of Modern History*, Vol. 57, No. 1. (Mar., 1985), p.57.

个简要的梳理，并特别针对休厄尔与斯考切波就意识形态问题的论争作一解析。第三部分，讨论斯考切波与其导师巴林顿·摩尔，与其同侪查尔斯·蒂利的关联，并由此观察美国历史社会学内部的代际关系。

事实上，斯考切波正是凭借此书奠定了她在学术圈中的地位，成为其导师巴林顿·摩尔宏观历史比较方法的最知名的继承人，并一度成为美国历史社会学中的中流砥柱。她的这本书反映了美国历史社会学在研究主题和研究方法上的许多典型特征：如关注宏观社会转型议题，聚焦国家成长和资本主义兴起；采取跨时空的宏观国别比较；多采用二手材料，有选择地调用史实；重点放在了对社会结构的分析上，并未对政治文化和意识形态加以过度关注。与此同时，她还参与并组织了专门讨论历史社会学研究策略的学术会议、并在1984年汇编了相关文集《历史社会学的视野与方法》[①]，该书首尾两篇文章，为历史社会学的前期发展做出了界定，总结和评价[②]。让美国的历史社会学获得了一个相对稳定的概念定义并划定了一个共识性颇高的学者圈子。可以说分析斯考切波本人的成名作也是理解美国历史社会学的门径之一。

第一部分，先来谈谈斯考切波有关革命研究的替代理论。

斯考切波的标志性语录是：革命是到来的，而不是造就的。（Revolution comes, not made.）革命是在特定结构情势聚合之下的大势所趋，许多革

---

① Theda Skocpol eds, *Vision and Method in Historical Sociology*, New York: Cambridge University Press, 1984. 参见〔美〕西达·斯考切波编：《历史社会学的视野与方法》，封积文等译，上海：上海人民出版社，2007年。

② 〔美〕西达·斯考切波，《社会学的历史想象力》，《历史社会学的新兴议题与研究策略》，载西达·斯考切波编：《历史社会学的视野与方法》，封积文等译，上海：上海人民出版社，2007年，第1—21，373—407页。

命的后果超出了单个参与主体的最初意图。革命和国家建设一样，一旦启动起来，就可能陷入一种失控的自主性中，出现对起初意图的偏离。在革命研究的学术史中：20世纪初到40年代的自然史学派力图描绘革命爆发的整体过程；二战之后到70年代的现代化理论，聚焦于革命的前因研究，试图将对革命的解释放进其普适理论之中；到了斯考切波这里，她深受巴林顿·摩尔的影响，强调了对社会结构视角的现实分析，并对革命做出了一种多线程的比较研究。同时与现代化理论聚焦革命的爆发不同，她也试图将革命的具体政治过程和现实政治后果也放入对革命的整体考察之中。她处于革命研究第三代的晚期，特别提出了"社会革命"（social revolution）的概念，试图替代先前的研究范式。

斯考切波认为："社会革命是一个社会的国家政权和阶级结构都发生快速而根本转变的过程……社会革命之所以不同于其他类型的冲突和转型过程，首先在于它是两个同时的组合：社会结构变迁与阶级突变同时进行；政治转型与社会转型同时展开。"[1]而且，她还强调："社会革命的独特之处在于，社会结构和政治结构的根本性变化以一种相互强化的方式同时发生。"[2]由此，她"确立了一种复杂的解释对象"——社会革命，因为这种对象"在历史上相对少有"，所以"我们必须因其复杂性而将革命看成是一个个独立存在的整体"[3]，对其打包处理，而不过分

① 〔美〕西达·斯考切波：《国家与社会革命——对法国、俄国和中国的比较分析》，何俊志、王学东译，上海：上海人民出版社，2007年，第4—5页。
② 〔美〕西达·斯考切波：《国家与社会革命——对法国、俄国和中国的比较分析》，何俊志、王学东译，上海：上海人民出版社，2007年，第5页。
③ 〔美〕西达·斯考切波：《国家与社会革命——对法国、俄国和中国的比较分析》，何俊志、王学东译，上海：上海人民出版社，2007年，第5页。

纠结于细节。同时还要"将成功的社会政治转型——国家政权和阶级结构所发生的实际改革——看作是社会革命的具体构成要件",而非革命过程中的"附带现象"①,即革命的实质是社会政治转型而非表层化的变革现象。斯考切波提出了自己的替代解释模型,主张用结构性视角来分析社会革命;要特别关注国际背景和地缘政治结构;并采取比较历史分析的方法,在同异对比中解释结构性因素的内在关联。她的理论是建立在对旧有理论的批判基础之上的,因此她还对革命研究的既有学术史也做出了评价。

斯考切波认为,之前,"社会科学革命理论的主要类型"都可以说是一种"普遍性理论"(general theories)。具体说来,可分为:较早出现的"马克思主义者的阶级斗争理论",以及三种相对较晚才在20世纪50—60年代的美国社会科学界密集涌现出来的"聚合心理学理论""系统/价值共识理论"和"政治—冲突理论"。通过对这四种理论的剖析,她公开表达了对旧有革命理论的不满,但也对这些理论的合理部分做了借鉴和吸收。她说,"我将大量地采用马克思主义和政治冲突视角的某些理论"②,而且"必须要用政治—冲突理论家们的思想来补充阶级分析"③。她的这一取舍,事实上也意味着她在社会结构和主体能动性的二分图示中义无反顾地选择了前者。

基于如上的立场,斯考切波提出了她具有创见的新革命理论的三个

①〔美〕西达·斯考切波:《国家与社会革命——对法国、俄国和中国的比较分析》,何俊志、王学东译,上海:上海人民出版社,2007年,第5页。

②〔美〕西达·斯考切波:《国家与社会革命——对法国、俄国和中国的比较分析》,何俊志、王学东译,上海:上海人民出版社,2007年,第13页。

③〔美〕西达·斯考切波:《国家与社会革命——对法国、俄国和中国的比较分析》,何俊志、王学东译,上海:上海人民出版社,2007年,第14页。

基本分析原则：

第一，斯考切波决意采取"非意志论的结构性视角"，要对革命目的论图景展开批判。

斯考切波要回答一个问题，即"革命发生方式的目的性图景错在哪里呢？"[①]她认为错在两处。首先，这种看法强烈暗示如下的逻辑，即社会秩序基本上依赖于需求得到满足的多数人达成了共识，而革命的条件则是共识性支持的消退，革命形势的发展取决于大众的自主选择。这种大众心理单一决定论的心理学解释在斯考切波这里看来是靠不住的。这只是简单将革命等同于受群众心态任意摆布的事件，却没能进一步揭示心态形成的复杂的现实动因。这种解释不仅是肤浅的，而且也与某些国家的实际遭遇不相符。斯考切波举出反例——南非政府的公开压制政策曾长期存在，大众心中积怨已深，但积怨情绪却并没有真正引发革命。其次，斯考切波对世界历史上实际发生过的革命进程展开分析：她分别引用了杰里米·布莱彻（Jeremy Brecher）和温德尔·菲力普斯（Wendell Phillips）的话，在前者看来"事实上，革命运动很少始于一种革命性的意图；革命意图完全是在斗争过程中发展起来的"[②]，而后者则认为"革命不是制造出来的，而是自然发生的"[③]。革命过程不是一个所谓的"劝诱"过程，执着于革命起因，执着于对行动者的意志做出推论，这只会使问题简单化，却没能看到正是革命过程和实际后果而非最初意图，真

---

① 〔美〕西达·斯考切波：《国家与社会革命——对法国、俄国和中国的比较分析》，何俊志、王学东译，上海：上海人民出版社，2007年，第17页。

② 〔美〕西达·斯考切波：《国家与社会革命——对法国、俄国和中国的比较分析》，何俊志、王学东译，上海：上海人民出版社，2007年，第17页。

③ 〔美〕西达·斯考切波：《国家与社会革命——对法国、俄国和中国的比较分析》，何俊志、王学东译，上海：上海人民出版社，2007年，第18页。

实铸就并夯实了革命的最终意义。斯考切波认为，革命过程实际上具有不可控性，"冲突的逻辑并不由任何单个的阶级和集团所控制"，它还"受到了现存的社会经济和国际条件的强有力的塑造和限制"，"革命冲突所造成的结果总是既不能充分预测到，也不是卷入其中的任何一个群众所期望的，当然也不会完全符合他们的利益"①。她继续引用英国历史学家艾瑞克·霍布斯鲍姆的比喻：如果说革命是场戏剧的话，也许具有强烈意志和动机的精英或组织就是戏剧中前台的演员，而他们并不构成革命这部戏的全部，因为他们在一定程度上是幕后的戏剧家、制片人和舞台设计师的傀儡，正是幕后的通力合作代表了革命的深层次的结构性因素的综合。②发现革命表象下的深层结构性因素及其内在逻辑，这是斯考切波的意图所在。

　　"破"后有"立"。斯考切波探求革命动因的切入点是："确定受制于客观条件、以一种复杂的关系相互纠缠在一起的而且出于各种情势之下的种种群体行动——正是这些行动的相互纠缠塑造着革命进程并产生出新制度。"③她强调在抛弃线型的目的论解释之后，应当就革命的背景作立体的结构主义分析，她试图从相互缠斗、彼此纠结的各种角逐性力量中寻找他们的共同合力，寻找一种"凑合点"或说是"交合点"（conjuncture）。这种"凑合点"形成一个特殊的情境，而这个特殊的情境则是革命发生的真正原因。显然斯考切波的这种"多因合力的凑合

---

① 〔美〕西达·斯考切波：《国家与社会革命——对法国、俄国和中国的比较分析》，何俊志、王学东译，上海：上海人民出版社，2007年，第18页。

② 〔美〕西达·斯考切波：《国家与社会革命——对法国、俄国和中国的比较分析》，何俊志、王学东译，上海：上海人民出版社，2007年，第18页。

③ 〔美〕西达·斯考切波：《国家与社会革命——对法国、俄国和中国的比较分析》，何俊志、王学东译，上海：上海人民出版社，2007年，第19页。

论"比"单因的目的论"更加贴合了历史的真实。

对于如何来厘清凑合而成的情境、完整揭示革命的背景这一命题，小威廉·休厄尔根据斯考切波对三个案例的分析归纳出她所关注的三个基本的结构性关系：一是阶级之间，特别是地主和农民之间的关系；二是阶级和国家之间的关系；三是国际关系中不同国家之间的关系。三种结构性关系共同形成这样一种情景：组织良好的自治性农民团体出现，没有农业租金收入的主导阶级必须高度依靠国家政权，半官僚化国家在敌国的军事竞争中处于落后境遇。①正是这些场景的拼凑和组合，构成了革命的真正动力。

第二，斯考切波要以国际结构和世界历史的发展作为系统参照，呈现革命发生的历史性依托。

事实上，斯考切波把革命的历史性属性分为两个维度来加以考察。从横向的共时性（synchrony）角度看，研究革命就要考虑"世界资本主义经济体系"和"国家间竞争的国际关系格局"这两个因素。这是某一革命在其发生的具体时段中必将遭遇到的外部条件。从纵向的历时性（diachrony）角度看：斯考切波称之为"'世界时间'的变化和传播"，一方面历史发展的累进性会塑造不同革命发生的不同的世界背景；另一方面，后发革命往往会受到早发革命的影响，获得新的借鉴，即我们通常所说的后发优势和路径依赖。在作案例分析时，斯考切波格外重视共时性背景中国家间竞争的国际关系格局，如对外战争和民族侵略对革命发动、旧制度垮台的影响等。这极大修正了先前以民族国家为界限、鼓

---

① William H. Sewell, Jr. "［Review］: Ideologies and Social Revolutions: Reflections on the French Case", *The Journal of Modern History*, Vol. 57, No. 1 (Mar., 1985), p.57.

励研究国别革命的立场，而是注意到了不同国别的革命事实上有潜在的效法效应和连带影响。

第三，斯考切波将国家理解为行动和强制性组织，并指出国家在社会经济利益和结构中享有潜在的自主性，提出了拆解"舞台"的假设。

斯考切波指出：国家≠舞台，那种将国家看作不同政治团体间争夺社会经济利益而展开冲突的舞台的观点是错误的。国家从属于社会，国家是社会中一个能动性的因素而非静态的背景，社会才是真正的背景，才是各种政争的舞台底色。在此，她重新思考了国家与社会的关系，充分呈现出了"回归国家学派"对国家理论的解读。斯考切波批评了经典马克思主义和蒂利早期的集体行动理论（collective action theory），认为他们并没有拆解或者只是在字面上拆解了国家与社会，他们"强烈地暗示着，统治集团的权力与国家权力之间完全交叠"[1]，国家是社会集团所任意支配的工具。并指出，后来的新马克思主义关于国家自主性的争论具有进步之处，因为他们认识到了"国家不仅仅是由支配阶级创造出来并加以操纵的工具"，国家并不完全等同于统治集团。她支持"国家具有自主性"这一命题。认为支撑这一命题的根基就是要对如下的现实做出历史的分析，即"统治集团/支配阶级权力"和"国家权力"是相互分离的。斯考切波将国家看成是"一套具有自主性的结构——这一结构具有自身的逻辑和利益，而不必与社会支配阶级的利益和政体中全体成员群体的利益等同或融合"[2]，甚至"在现存的支配阶级或团体与国家统治

---

[1]〔美〕西达·斯考切波：《国家与社会革命——对法国、俄国和中国的比较分析》，何俊志、王学东译，上海：上海人民出版社，2007年，第27页。

[2]〔美〕西达·斯考切波：《国家与社会革命——对法国、俄国和中国的比较分析》，何俊志、王学东译，上海：上海人民出版社，2007年，第27—28页。

者之间可能会产生根本的利益冲突","如果国家的支配阶级要执行一种服务于整个支配阶级利益的政策,他们可能就必须要摆脱特定的支配阶级集团和个人的控制"①。国家应该是一套"自为的组织"(organization-for-itself)。为了进一步论证这个问题,斯考切波指出:"在从经济和社会中提取资源方面,政权组织必然会在一定程度上与支配阶级进行某种竞争。一旦这些资源被提取出来,这些资源所投向的目标可能会偏离现存支配阶级的利益。这些资源可能大部分都会用来强化国家自身的自主性——这就必然会威胁到支配阶级的利益。"②虽然国家在维持既有秩序上与支配阶级存在广泛共识,但在应对危机时,也许会暂时牺牲支配阶级的利益,这并不与国家本身的根本利益冲突,而是说国家不一定会对支配阶级亦步亦趋。支配阶级也无法时刻精准的掌控国家,国家的发展和走向有其自身独立的逻辑。德国历史学家奥托·辛茨也指出限制国家的因素有二:一是社会内部的阶级关系;二是国家的外部秩序,即国家必然是在国际关系的氛围下生存,时刻承受着外部压力。由此,斯考切波要在国内和国际两个背景之下来完整构筑她的现实主义的、组织社会学的国家观。她"拒绝将国家看成是从生产关系中抽象出来的分析层面"或者说是阶级斗争的工具或场所,而是坚持认为"国家是控制(或试图控制)边界和人口的实际组织"③。她强调:"国家从根本上说具有两幅面孔,从而内在地依赖于两个方面:其一是阶级分化的社会经济结构;

① 〔美〕西达·斯考切波:《国家与社会革命——对法国、俄国和中国的比较分析》,何俊志、王学东译,上海:上海人民出版社,2007年,第28页。
② 〔美〕西达·斯考切波:《国家与社会革命——对法国、俄国和中国的比较分析》,何俊志、王学东译,上海:上海人民出版社,2007年,第31页。
③ 〔美〕西达·斯考切波:《国家与社会革命——对法国、俄国和中国的比较分析》,何俊志、王学东译,上海:上海人民出版社,2007年,第32页。

其二是国家的国际体系。"她号召关注两幅面孔的"交叉点",号召在革命研究中要"将国家——理解为居于阶级结构和国际形势的交界面从而具有潜在自主性——推向关注的中心"[①]。国家不是革命的工具,国家体现了推动革命的社会结构性因素的聚集。

第二部分,来看看《国家与社会革命》这部结构主义作品所遭受的批评:对"意识形态"作用的忽略。

在《国家与社会革命》的中译本序言中,译者何俊志已经谈到了学界在"结构性视角""国家自主性"和"比较历史分析"这三方面上针对此书提出的批评。对斯考切波单一结构性视角的批评认为:问题的根本在于斯考切波忽略了人的能动性和选择性。斯考切波对革命领袖人物的历史作用过于轻描淡写甚至忽略不计了。部分学者批评指出:"结构可以成为政治行动的背景;它可以创造约束力和机会。但是在任何结构中,人类选择和行动的可能性是不容否认的,而斯考切波却否认了。"[②]的确,在《国家与社会革命》一书中,我们难以寻觅到革命洪流中生命个体的所思所想,更是看不到作为社会生活重要组成部分的文化生活的影子。在"没有人的历史"中,革命如同一套运转着的机械操作,虽符合社会的逻辑,但却没有灵魂。杰克·戈德斯通(Jack Goldstone)指出:此书引发争议的原因就在于她忽视了文化与意识形态构建的冲突。[③]以下,笔者就

[①] 〔美〕西达·斯考切波:《国家与社会革命——对法国、俄国和中国的比较分析》,何俊志、王学东译,上海:上海人民出版社,2007年,第33页。

[②] David D. Laitin & Carolyn M. Warner, "Structure and Irony in Social Revolutions", *Political Theory*, Vol. 20, No. 1 (Feb., 1992), p.150.

[③] Jack Goldstone, "Review: Social Revolutions in the Modern World by Theda Skocpol", *The American Historical Review*, Vol. 101, No. 3 (Jun., 1996), p. 807.

"意识形态缺失"这一问题，根据小威廉·休厄尔的批评和斯考切波的回应做出一种对读。"休厄尔—斯考切波"争论最早始于1981年的美国历史学年会，当时在一个名为"让作者面对批评"的论坛上，双方首次交锋，后来，他们两人又都接受了《现代史期刊》(*The Journal of Modern History*)的约稿，于1985年通过专题论文的形式进一步阐发了双方的立场。斯考切波后来于1994年出版《现代世界中的社会革命》①一书时将两人的文章同时收入该书，并承认以此为契机，她本人认真思考了革命中的文化和意识形态问题。但也辩护指出，她本人在写《国家与社会革命》时，专注于重整阶级分析，并以国家为中心来理解革命，来处理阶级同国家的关系。②

休厄尔提出了"匿名的、集体的，形态可变的结构意识形态"，认为它本应成为分析革命的结构性因素。对于斯考切波忽视革命中的意识形态这一问题，小威廉·休厄尔在《意识形态与社会革命：反思法国案例》③一文中做出了集中的分析。休厄尔认为，斯考切波对于革命起源理论的"最重要贡献"在于她的多因论，革命的起因是复杂的，这固然不错。但当面对复杂性时，人们一般会有两种策略：一是等级式的策略，断言某些类型的原因优越于另外一些；二是叙述式策略，用真实的、复杂性的某些表象来叙述革命过程。但是这种方法常常迷失于细节叙事的混沌之中，往往不能清楚地充分分离出隐藏其中的自主动力。休厄尔认

---

① Theda Skocpol, *Social Revolutions in the Modern World*, Cambridge: Cambridge University Press, 1994.

② Theda Skocpol, *Social Revolutions in the Modern World*, Cambridge: Cambridge University Press, 1994, p.14.

③ William H. Sewell, Jr. "［Review］: Ideologies and Social Revolutions: Reflections on the French Case", *The Journal of Modern History*, Vol. 57, No. 1 (Mar., 1985).

为斯考切波的策略是一种富于启发的折中（an inspired compromise）。她采用了等级策略的概念化力量并将其运用于几种而非一种因果进程中；同时她也采用叙事性策略强调序列性、凑合性和偶然性。但休厄尔强调，他本人对斯考切波抱持异议之处在于后者的多因论不够彻底，她"没能认识到在革命过程中意识形态的自主性力量"，没有有效地把这个因素包容进她的多因论的解释中去。她仅是一笔带过，认为革命胜利后"领导者往往会进一步巩固一种新体制，这种体制迥异于他们原来在意识形态上所打算的那种"。进而武断地认为意识形态不具有重要的解释价值。这种简单化的处理方式，休厄尔无法苟同。

休厄尔举出实例：法国和俄国的革命在结果上的一个不同就在于，私有财产在法国得以巩固，而在俄国却被予以废除。这种差异让研究者必须考虑行动者不同的意识形态规划，即法国革命的领导者笃信一种意识形态——私有财产权是不可剥夺的自然权利；而布尔什维克则笃信生产的集体化道路。但是斯考切波有意回避了这个问题，或者说她只是秘密地引入意识形态，用"世界历史背景"这个笼统的说辞来做伪装。她认为：在法国发生革命时，世界历史背景中没有可行的国家控制的工业化模式以及大众动员的政治政党来巩固国家权力；而俄国则具备了这种世界历史背景，即"社会主义，作为一种意识形态在19世纪才被发明，在1917年已经广为人知，而在1789年则不为人知"。斯考切波透过历时性的世界历史背景参照系，认为两场革命中的这个显著不同点在于"国家强力推进工业化的策略"。在法国大革命发生时，由于没有先例，无法效仿；而俄国革命爆发在社会主义理论产生之后，所以可以拿来借鉴。这样子斯考切波就避免了对意识形态维度展开深入考察，而将这个问题简单纳入国际背景因素中去，自圆其说。其实，在斯考切波的著作中，

"世界历史背景"一词是一种意识形态的模糊表述形式。

休厄尔展开逐层剥笋式的进一步分析,并尖锐指出:斯考切波在其解释框架中拒斥意识形态源于她对革命理论中的"天真的唯意志论者"的否定,即她对第一代革命研究范式的否定。她对唯意志论者的不信任是毋庸置疑的,但休厄尔所质疑的是那种极端化的看法,即认定把意识形态因素构筑进解释中必然导致对天真的唯意志论的投降。休厄尔引证一些结构主义理论家的看法,认为意识形态的形成有赖于一些可预见性的事物及其与社会力量的关系,从某种意义上讲,意识形态是匿名的或非个人化的。意识形态是结构化了的或说本身也构成了一种结构,意识形态所引发的行动是由意识形态和其他并置的现实条件共同塑造的。虽然意识形态的再生产会涉及具有意志力的个人,但不能说意识形态就是一种个人意志的简单叠加。意识形态所造就的社会结构是一个整体,它从来不会在单个人的意识中呈现,而是体现在集体当中,体现在社会利益集团间的互动当中。休厄尔言明他本人的论点:"匿名的意识形态结构是平行于斯考切波所分析的非意志论的国家、阶级和国际间的结构的。""斯考切波过于具体化了后三种结构,而没有认识到它们其实与意识形态结构具有共同的特点:匿名性、双重性和集体性。""所有这四种结构类型都可以被一种单一的协调的概念框架所包容。"① 在这里可以这样理解,"匿名性"是指革命中那些非个人的,没有明显党派色彩和个人英雄主义主导的思想意识;"双重性"指的是革命中思想意识因素与其他的因素的双向互动,相互塑造,而非单向的意志决定论;"集体性"是指

---

① William H. Sewell, Jr. "［Review］: Ideologies and Social Revolutions: Reflections on the French Case", *The Journal of Modern History*, Vol. 57, No. 1 (Mar., 1985), p.61.

意识形态的形成是各个利益集团之思想立场经妥协和制衡而达成的合力。它代表了全体社会阶层的意见而非一部分人的意见，因此会随着各方势力的博弈而变动。休厄尔进一步为这种"匿名的、集体的、形态可变的结构意识形态概念"申辩，认为意识形态说明了体制结构、社会合作和冲突的本质，以及全体居民的态度和倾向。所有社会关系同时都是意识形态关系。由此，它当然是构成革命发生的不可忽视的一个结构性因素了。以这种解释看来，既然意识形态实际构成了一种结构性因素，那么斯考切波对意识形态的忽视的确是大有问题。休厄尔发出呼吁："意识形态在革命中起到了一种关键性作用，它既是革命的原因也是革命的结果。""为了理解这种作用，我们必须采用一种比斯考切波的概念更加充满活力的意识形态概念。"①

面对批评，斯考切波也做出了反驳。在《在国家权力革命性重构中的文化习语和政治意识形态：一项针对休厄尔的答辩》一文中，她开宗明义，并不认同休厄尔的立场。她说："考虑到我结构决定主义的声名，也许有些意外，我将建议我们需要一种较休厄尔所鼓吹的那种不那么'匿名的'路径。但是，我将表明在分析文化习语与意识形态活动对革命转型的贡献时，应将对文化系统中的人类学概念的运用持很深的保留意见。"②

斯考切波首先澄清了她对几个基本问题的看法。她认为，人们可能对《国家与社会革命》一书存在误解，此书并非要鼓吹一种非意志论

---

① William H. Sewell, Jr. "［Review］: Ideologies and Social Revolutions: Reflections on the French Case", *The Journal of Modern History*, Vol. 57, No. 1 (Mar., 1985), p.84.

② Theda Skocpol, "Review: Cultural Idioms and Political Ideologies in the Revolutionary Reconstruction of State Power: A Rejoinder to Sewell", *The Journal of Modern History*, Vol. 57, No. 1 (Mar., 1985), p.86.

者的、结构主义者的路径来解释社会革命。她说："也许对于我的方法而言'宏观层面上的非意向论者'（nonintentionalist at the macroscopic level）是个更好的标签。"在这里，斯考切波放弃使用"nonvoluntarist"一词，而选择用"nonintentionalist"一词表达概念指向。她强调，不应简单关注革命的意图和意向本身，而要重视各个利益集团之间的互动所共同塑造的一种趋势和导向作用。革命不是必然要贯彻某种革命意志。她后面紧接着说，"没有一个单一的行动集团，一个阶级或一个意识形态先锋，有意塑造了复杂性和多样性来导致冲突，并进而带来革命危机和后果"。革命是水到渠成而不是霸王硬上弓；革命是发生的而不是制造的。她说："在很多从社会科学和历史地理方面讨论革命的作品中充斥了这种站不住脚的意向决定主义者的假设。认定某些宏大的意向性统治着革命进程。显然，休厄尔和我必须在彻底根除这种误导性假设上达成共识。"为了彻底根除这种意志论的误导性假设，就必须强调结构性因素的综合作用。因此"《国家与社会革命》关注于'结构'，或那种超越于任何单一团体或个人可操纵控制的模式化的关系"。斯考切波一再强调，"用历史的具体的方式来理解社会结构，这给了我们钥匙，以解开革命中所呈现的团体间的冲突，这种冲突产生的结果超出任何单一行动组织的最初意向"。她还认为，结构性的钥匙应当有多把而非一把，"阶级结构和冲突，并不是革命起因和结果的唯一和基本性的'结构性'钥匙。分析者必须更加直接地关注一国与另一国间的跨国关系，以及旧制度统治者与革命国家建立者之间、支配与从属阶级之间的关系"，而且人们还必须"不断地关注革命中阶级斗争与其先前冲突间直接或间接的相互作用"。针对评论者对她忽视革命中革命领导者的思想引导作用，斯考切波也做出了一个小小的争辩，她说："当然社会结构本身不是行动者，它们的产生和再生只有通过具体团体和个人的有意识的行动。在《国家与社会革命》中的历史案例里充满了追寻物质、观念和权力目标的团体行动，很显然，我从没有将有意向的团体行动放在革命之外。"也许休厄尔存在漏读。

摆明了她的强硬基本立场之后，斯考切波开始对休厄尔的论述进行驳斥。主要分为以下三个方面。

第一，斯考切波首先谈了她本人对"意识形态塑造革命"这个问题的看法。她对比了迈克尔·瓦尔泽（Michael Walzer）和休厄尔对革命的理解：他们的共同点都认为革命的本质可以看作"在重塑一切社会和文化生活的意识形态启发下的尝试"。不同点在于，"休厄尔并不声称一个特定的意识形态先锋掌控对法国的重塑，他的论点比之瓦尔泽更加'非个人'、'匿名'，而且'集体化'。瓦尔泽的革命理论是更为彻底的意向决定主义者的理论"。斯考切波肯定了休厄尔的方法，认为他的一个优点就是可以看到不同的行动集团对竞争的和连续的意识形态变量是有所推进的。在此斯考切波暗示了她本人的一个观点：意识形态在革命中不是一成不变的，革命认识会随着各种力量的角逐有所发展和变化。

第二，斯考切波指出，在跨学科潮流下，历史学常借用人类学的方法来进行文化分析。休厄尔深受吉尔兹（Geertz）的影响，是这种潮流的一个代表。但是，"当研究复杂、变化着的、高度分层了的社会政治秩序时依靠文化系统的人类学观念，这其中潜伏着危险"，因为"它太容易假定共享意义的综合模式的存在，和社会已经或者应当如何运转的整体图式的存在。由于面对面的实地调查，直接接触多样的社会集体行动和当时的争论是不可能的，这就不可避免地陷于将整个意义系统解读为特殊的文化的诱惑"。换言之，斯考切波批评了对革命中文化系统的这种人类学理解，由于我们不可能回到当时革命的情景中去，对当时的文化氛围的理解只能依靠一些流传下来的特定文献，我们依靠这些文献来假定当时社会的各个阶层是认同某种观念的，这一做法其实是站不住脚的，甚至会以偏概全。斯考切波还说，这样做最大的危险在于：人们试图将文化和意识形态变迁看作一种社会文化系统同时并完全被另一种社会文化系统所取代的过程。这就武断地将纷繁的思潮打包进一个模式里，认为革命就是用一个全新的模式对旧模式毫不留情地彻底置换。这样处理就没有看到思想的延续性和渐变性，割裂了革命前后某些思想意识的继承性。这种生硬的对待文化的方式是不可取的。

第三，结合休厄尔的案例分析，斯考切波指出"他把启蒙原则转化为一种统治的意识形态是有问题的"。斯考切波号召"走向一个更加具备历史根基的路径"，在她看来，"多重文化习语（Multiple Cultural Idioms）并存，它们兴起、衰落并有节奏的混合，这才是需要探究的"。斯考切波提出，应当更加重视对革命中多重文化习语的研究，因为文化习语发源于具体的情景。对于个体行动者而言，他们借此使自己的行动有意义并且与其他行动者相联系；对于团体而言，他们的利益以及他们与其他人的关系的定义都将受到文化习语的影响。同时，对可利用的文化习语的选择和使用也被行动集团的社会和政治情境所塑造。"意识形态被特定的集团或联盟发展和配备，文化习语则是个更长久的术语，更加匿名，较意识形态而言更少涉及党派的存在。"[1] 它是广布于各阶层民众之中的一种心态和倾向，而不仅仅是政客们或革命领袖摇旗呐喊的口号，

---

[1]　Theda Skocpol, "Review: Cultural Idioms and Political Ideologies in the Revolutionary Reconstruction of State Power: A Rejoinder to Sewell", *The Journal of Modern History*, Vol. 57, No. 1 (Mar., 1985), p.91.

更加隐蔽而"无声"，但也构成了塑造革命的一种现实力量。

结合法国的案例，斯考切波指出："启蒙原则仅是并存的多种文化习语中的一种，并没有一个关键性时刻使得启蒙成为一种引领法国政治的至上的意识形态。""旧制度自身也不是由一种单一至上的意识形态系统来构成，绝对主义的原则与许多借自于启蒙的原则并存"，何况"各世俗团体还有他们的小文化"，革命胜利后"法国新体制在官方形象上也继续体现着折中主义的色彩"。因此，启蒙思想绝非大革命的唯一思想主题，用斯考切波的话说："休厄尔暗示整体性的革命野心完全转变了人民的社会生活，在我看来这是一种对法国大革命的误导，是一种不恰当的对启蒙和革命的异文合并。"① 她试图澄清将革命思潮完全等同于启蒙思潮的误解，用更加务实的态度来面对这个问题。她提出："正如休厄尔所言，受到启蒙思想的影响，有意图的规划推动了体制变迁。而我们需要做的是提出问题：如何并且通过谁的努力才能使这一切发生？他们在多大程度上并在哪些方面获得了成功？""我们需要检视那些巩固了不同形式和功能的国家权力的可能性，并且考虑这些可能性如何与适于特定集团的特殊观念和政治行动模式产生互动。"在这里，她再一次突出了国家的作用，认为文化习语发生作用也是围绕国家政权通过各个团体的竞争和制衡来展开，由此"法国革命的成果通过所有'有意'动员的政治话语的相互作用被'无意'地塑造出来"。这种"有意"不仅是启蒙的鼓吹，还有多重文化习语的共同作用；这种"无意"是各种习语相互作用而达成的不完全等同于任何一个分力之原始目标的最终合力之综合后果。

---

① Theda Skocpol, "Review: Cultural Idioms and Political Ideologies in the Revolutionary Reconstruction of State Power: A Rejoinder to Sewell", *The Journal of Modern History*, Vol. 57, No. 1.(Mar., 1985), p.92, 94.

对比两篇文章，人们可以看到休厄尔通过把意识形态结构化，以期说服斯考切波也将这个因素考虑进革命的研究中去，而且对法国大革命的分析更加强调革命中存在一种统一的意识形态，发挥主导性的作用。他认为："启蒙运动苦心经营的行而上的原则成为一种新的革命的社会和政治结构。不同的派别和社会阶层只是对共享的一组革命原则中的不同意识形态变量进行了精心阐释。"而斯考切波则提出要用比意识形态更加宽泛的文化习语的概念来看待问题，认为不存在单一的启蒙的意识形态，而是多重的文化习语所共同构成的合力在发挥作用。而对多重文化习语的研究又必须紧密地围绕"国家"这个中心概念，探究各个群体为了巩固国家权力而抱持的特殊观念，以及观念与行动的互动。但是可惜，在《国家与社会革命》一书中，斯考切波并没有向人们充分呈现出这种她所言说的多重文化习语。斯考切波的思考更多地停留在思考层面上，而未有精彩的实证研究做佐证，对意识形态缺失的辩护，呈现了她对意识形态解释的一些思考，却并未真正整合进她自己的结构主义分析中。

斯考切波和休厄尔的讨论，更多是基于一种结构和文化之间关系的理论探讨。斯考切波曾指出，两人的根本分歧在于"如何理解启蒙运动在法国大革命中的作用"，休厄尔将文化视为一种"社会秩序的构成性成分"（constitutive of social order）。但休厄尔认为，每场革命都会带来全新的文化系统以完全取代旧有系统，而这种立场是斯考切波所不能接受的。斯考切波要更为关注一种以"行动者为中心"（actor-centered）的，以"行动为中心"（action-centered）的研究路径，她要强调"新"与"旧"的共存（coexist）状态。斯考切波反复强调文化和意识形态的解读必须高度贴合具体政治斗争的背景，在她那里，她似乎始终不愿承认文化和意识形态可以成为一个独立的变量和研究对象。她骨子里仍旧有顽固的结构主义立场在作祟。[①]

但无疑，在这场被斯考切波称为"货真价实（全无客套）的争论"中，他们都看到了历史社会学中结构主义路径的局限性，都认识到了也许意识形态、话语分析会成为新的理论增长点。两人事实上都承认意识形态对社会结构的反塑作用，但结构性因素如何同文化因素互动，或者文化因素是否真的就如休厄尔所言本身就是一种结构，更为精微的分析需要深入的实证举例，但斯考切波并未沿此道路走下去。随着斯考切波研究议题的转换，事实上，她后来的著述回避了这个问题。倒是历史社会学的更晚一代，开始真正涉足结构主义和文化研究的整合。但两人的讨论无疑意味着历史社会学必将会在20世纪末到21世纪初的世纪之交应对"文化研究"对结构主义的冲击。

第三部分，来看看斯考切波的历史比较分析。

巴林顿·摩尔，查尔斯·蒂利和西达·斯考切波三人具有紧密的师承关系，摩尔是后两者的先师。师徒三人都认为，应当借助对历史轨迹之抛物线（historical trajectories）的观察来理解社会变迁，并通过并置这些不同的历史轨迹而发现它们的差异。这三人所展开的宏观历史比较研究也是美国历史社会学在20世纪下半叶所贡献出来最重要的一种研究方法。有学者曾归纳指出："从所处的时代背景上看，以宏观比较历史分析为代表的历史社会学是对帕森斯宏大社会学理论以静态的方式进行社会学分析的反动；从研究的主题上看，宏观比较历史分析最初以民主制

---

①　Theda Skocpol, *Social Revolutions in the Modern World*, Cambridge: Cambridge University Press, 1994, pp.14-15.

度、革命运动爆发的社会基础与社会过程为核心议题；从研究的整体风格上看，与年鉴学派第三代学者的微观史学转向以及叙事的兴起不同，宏观比较历史分析更为侧重通过比较对历史变迁与社会现象给出理论性阐释，在'社会'的结构性要素中寻找现象背后的'最大公约数'。"[1]斯考切波在1979年出版她的《国家与社会革命》一书时，事实上也对摩尔1966年的《专制与民主的社会起源》和1975年查尔斯·蒂利、路易丝·蒂利与理查德·蒂利合著的《反叛的世纪，1830—1930》[2]在方法论上做了评述。

斯考切波首先指出理论与历史之间存在着断裂（gap）[3]，唯一有效的矫正途径就是要让"实际建立起来的革命解释能够阐明真正的一般性因果模式，既不忽视、也不完全脱离每一场革命及其背景的各个方面"，亦即"在涵盖各种案例的同时，也具有历史的敏感性"[4]。在寻求普遍的抽象的适用性时也不遗漏每个个案的独特性。

斯考切波在《国家与社会革命》一书中提到了三种历史比较。一是蒂利在《反叛的世纪，1830—1930》一书中就某种可适用于不同国家背景的一般性社会学模式而做的比较。二是莱因哈德·本迪克斯

---

① 孟庆延：《古典根源与现代路径：作为总体视域的历史社会学》，《广东社会科学》2018年第6期，第178—179页。

② Charles Tilly, Louise Tilly and Richard Tilly, *The Rebellious Century, 1830-1930*, Cambridge, Mass.: Harvard University Press, 1975.

③ 小威廉·休厄尔对这种断裂的理解是："理论之于历史学远不及它在社会科学中那样至关重要。"史家旨在记录"个案"（ideographic）呈现"描述性"（descriptive），但社会学家力图发现"规律"（nomothetic）以作"解释"（explanatory）。参见〔美〕小威廉·H. 休厄尔：《历史的逻辑：社会理论与社会转型》，朱联璧、费滢译，上海：上海人民出版社，2012年，第3页。

④ 〔美〕西达·斯考切波：《国家与社会革命——对法国、俄国和中国的比较分析》，何俊志、王学东译，上海：上海人民出版社，2007年，第36页。

（Reinhard Bendix）在《国家建设与公民身份》和佩里·安德森在《绝对主义国家的系谱》两书中，从整体上对国家和文明所展开的比较。三是斯考切波她自己所采取的方法，即比较历史分析的方法。她自己的这一方法秉承自约翰·斯图亚特·密尔、托克维尔、马克·布洛赫、巴林顿·摩尔，有其特殊的使用范围和特色。比较历史分析"尤其适合用来建立对本身只有少数案例的宏观历史现象的解释"，"是一种多变量分析方法，这种方法适用于变量太多且案例不充分的现象"①。比较可以借助约翰·密尔的"求同法"（the method of agreement）和"求异法"（the method of difference）这两种形式展开。"求同法"，指对具有共同现象的几个案例进行解释；"求异法"，指对比一组案例，其中加以解释的对象在正面案例中都出现过，在反面案例中并没有出现，但正反案例在其他条件下则高度相似。斯考切波指出："求异法"往往比"求同法"更能建立起有效的因果联系。因此，应当将两种比较的逻辑结合起来。对比的目的在于凸显出作比之双方各自具有的特征，澄清差异。对比中的甲方和乙方都在为对方的独特性提供一种注解和参照。在斯考切波的书中，中国、法国、俄国的历史经历是正例；在分析旧制度的危机时，日本和普鲁士的历史经历则是反例；在分析农民起义时，作为反例的英国和德国没有发生农民造反。为了进一步说明这种方法的特色，她还借助"比较历史方法"和"自然史方法"的对比，力图说明无论在目的还是在方法上，两者都存在差异。斯考切波的相关表述详见表4-2。

---

① 〔美〕西达·斯考切波：《国家与社会革命——对法国、俄国和中国的比较分析》，何俊志、王学东译，上海：上海人民出版社，2007年，第37页。

表4-2　斯考切波关于两种研究方式的比较

	目的上	方法上
比较历史方法	目的是确定革命的原因	在正面案例中进行比较，在正例和反例之间进行比较，以识别和确证原因。 并不是对革命进行描述。 并不认为各种革命案例在进程上都存在类似的轨迹。
自然史方法	目标是力图揭示在革命进程中会典型表现出来的特有周期和阶段顺序	试图让各个完整案例中的组成部分符合某种比喻，这些比喻用以描述它们的共同发展阶段，进而推定革命符合某种"自然"顺序。 例如，将革命视为某种热病。 抱着一种社会心理学假设，历史材料被裁剪，以用来阐明假定的阶段序列。

　　显然，斯考切波所针对的靶子"自然史方法"指的是经典现代化理论中的社会发展阶段论。发展经济学家沃尔特·罗斯托的《经济增长的阶段——非共产党宣言》无疑就是最典型的代表。此类学者认为，社会发展会遵循一些普适的规律和必经的阶段。如同行驶在一条铁轨上的火车，后排车厢总要受到火车头的牵引，按照事先规划好的线路运行。他们认定：研究各国的现代化转型时，应当按照标准模板对其发展里程做出阶段划分，然后在不同阶段上与不同国别展开横向对比。但是斯考切波认为革命的历史轨迹可能并不具有相通性和公约性，人们应当对政治学家塞缪尔·比尔批评的"普适性的教条"保持高度警觉，更有学者称这种寻找秩序的分期论是一种"虚构"。彼得·诺维克曾引用英国文学理论家弗兰克·克默德（Frank Kermode）在《结尾的意义：虚构理论研究》中的观点，指出学者们面对混乱的周遭，为了与之共存，"只好用虚构（fiction）把自己装备起来"。最常见的一种"用于调节的虚构"就是"划分历史时期"，"历史学家用它把混乱的过去转化为某种秩序。通过'划分历史时代'把连续不断的时间轴按便于操作的长度切割，然后竭尽

我们的能力去说明这样的划分不是人为的，而是自然的"①，这种将"人为划定"当作"自然形成"的做法是一种"虚构"。斯考切波反对这种自然史的阶段比较。

但是，斯考切波也指出，比较历史分析的方法也不是毫无缺陷，她本人也对其困难和局限进行了清醒的反思。首先，人们常不能恰当地找到符合某种比较逻辑的历史案例，不能熟练地控制潜在的相关变量。往往要进行策略性的猜测。但总有一些历史案例的背景性特征没有得到检验。其次，必须要假定比较的基本单位之间是相互独立的。但是事实上他们发生在一个社会之间紧密联系的国际结构之中。再次，比较历史分析不能替代理论的作用。只有结合不可缺少的理论性概念和假设，比较历史分析才能具体加以应用。这种理论的假设也许来自宏观社会学的想象，但又必须要由当代的理论争论来予以激活，必须始终对一系列历史案例的证据模式保持敏感性。

在谈到为何要选取法国、俄国和中国作为比较的三个国家时，斯考切波认为原因有三。第一，三场社会革命都发生在这样的国家：其国家和阶级结构并不是在革命之前才创设出来的，也没有在殖民统治下发生过根本的改变，有其一定的历史渊源和相对稳定性，这样就排除了不少复杂之处。同时，各国的阶级结构也相对固定，便于进行分类分析。第二，革命爆发后，各国都经历了延续很长的阶级与政治斗争，并在革命性国家权力的巩固中达到了顶点，其过去的时间已经足够长久，使得能

---

① 参见〔美〕彼得·诺维克：《那高尚的梦想："客观性问题"与美国历史学界》，杨豫译，北京：生活·读书·新知三联书店，2009年，第22页。Frank Kermode, *The Sense of an Ending: Studies in the Theory of Fiction*, New York, 1967, p.64. 见该书中译本〔英〕弗兰克·克默德：《结尾的意义：虚构理论研究》，刘建华译，沈阳：辽宁教育出版社，2000年。

够对所有三场整体性革命转型进行研究和比较。以上这两个原因是基于实际操作上的考虑，还有一个方法上的考虑，即第三个原因，因为"当比较历史分析被用于研究具有某种共同的基本特征的几个案例时，它最为有效"。

斯考切波指出："无论是在旧制度方面，还是在革命的进程和结果方面，法国、俄国和中国革命都显示出了重要的相似性——这种相似性足够充分，能够保证将它们放在一起作为一种模式来对待，并要求为它们提出一种具有一致性的因果解释。"[①]三国相似性具体可被归纳为以下几点：首先，它们都是富裕而又在政治上颇有抱负的农业国家，没有一个国家曾被殖民者征服。第二，旧制度都是原生型官僚独裁制（proto-bureaucratic autocracies），而且都突然面临经济上更为发达的军事竞争对手。第三，外部力量引发的危机与结构性条件和趋势相互强化，造成了一种危机的接合点（conjuncture）。这一凑合出来的情境包括：旧制度下中央集权的国家机器丧失了能力；下层阶级，尤其是农民发动了普遍的反叛；以及动员大众的革命领导人竭力巩固革命性国家权力。第四，三国革命的结果，都是一个中央集权的、官僚制的以及将大众结合为一体的民族国家，并且这个民族国家在国际舞台上作为大国的潜在能力也得到了提高。[②]

斯考切波的比较在很大程度上延续了巴林顿·摩尔的做法，但是斯考切波比摩尔更加着重强调结构性因素，并进一步排除了集体心理

---

① 〔美〕西达·斯考切波：《国家与社会革命——对法国、俄国和中国的比较分析》，何俊志、王学东译，上海：上海人民出版社，2015年，第42页。

② 〔美〕西达·斯考切波：《国家与社会革命——对法国、俄国和中国的比较分析》，何俊志、王学东译，上海：上海人民出版社，2015年，第42—43页。

学的解释。虽然她一再想把意识形态的因素加以改版，以划归入结构性因素中去。蒂利在1984年的《大结构、大进程和大比较》一书中谈到了四种比较，分别是"个体化的比较""普适化的比较""发现变量的比较"和以北欧学者斯坦·罗坎（Stein Rokkan）为代表的"涵盖性的（encompassing）比较"，并把斯考切波的比较放在了第二种中，把摩尔的放在了第三种中。蒂利似乎更为看好摩尔的比较，而对斯考切波的比较颇有微词，称其为"运用普适化逻辑异常成功的例子"[①]。似乎在暗示斯考切波还是没有完全脱去现代化理论和政治发展研究的影响。事实上，斯考切波在《国家与社会革命》之后的研究并没有真正突破结构主义的限定，她后来也并无更加精彩的历史社会学著述面世，而蒂利却在20世纪90年代迎来了他本人最重要的实证作品《强制、资本与欧洲国家，公元990—1992年》。蒂利比斯考切波表现出了更多研究转向的意愿，并作出了实质性的努力。两人一度殊途同归，但最终分道扬镳。

斯考切波又和玛格丽特·萨默斯（Margaret Somers）合作发表了一篇名为《宏观社会探寻中的比较史学的运用》[②]，在这篇文章中她们依据比较史学所依据的逻辑做出了分类，认为存在三种比较史学：一是平行展现理论的比较史学（Comparative History as the Parallel Demonstration of Theory），为了说服读者相信一个给定的假设，必须有信服力的排列证据；二是就背景展开鲜明对比的比较史学（Comparative History as the

---

①　Charles Tilly, *Big Structures, Large Processes, Huge Comparisons*, New York: Russell Sage Foundation, 1984, p.105.

②　Theda Skocpol & Margaret Somers, "the Uses of Comparative History in Macrosocial Inquiry", *Social Revolutions in the Modern World*, Cambridge: Cambridge University Press, 1994.这篇文章的最初版本事实上来自于1979年美国社会学年会中"历史社会学的方法"分论坛，后经修改收入到了斯考切波的这本文集中来。

Contrast of Contexts），借助并陈反例来凸显背景上的特殊性，或将每个特例的独特特征显现出来，以解释这些独特性的作用；三是作为宏观因果分析的比较史学（Comparative History as Macro-Causal Analysis），就宏观层面的结构和进程做出因果推论。她们认为这三种比较构成了等边三角形的三个角，并列出了各自的代表作和基本特征（见图4-1）。在她们的解释图表中：蒂利家族三人合著的《反叛的世纪，1830—1930》处于平行比较和宏观分析比较之间，重于解释；而摩尔的《专制与民主的社会起源》（除印度案例以外）和斯考切波的《国家与社会革命》基本属于宏观因果分析的比较。①

在分类过后，她们也承认这三种比较史学各具倾向性，有其各自的目的和功用，同时也带有有自身的局限和不足。第一种平行比较在案例选择上无疑受限于理论的要求，因为案例被选择的目的在于能够一再说明某种理论的有效性，存在一种重复举例而无收获的危险。第二种对比导向的比较所付出的代价就是描述上的整体论（descriptive holism）会排除解释论证的正常发展，更糟糕的是这种比较会将一种私藏的理论解释夹杂到对案例的陈述中，有以论带史的嫌疑，并会造成误导。第三种比较虽然会证实或证伪一些英国假设，但它的问题在于完美控制的比较并不总是永远具有可行性，社会并不总是能任由我们将其破碎为一些在分析上可行的变量。莱因哈德·本迪克斯甚至得出结论：鉴于在宏观层面展开野心勃勃的因果分析所遭遇到的诸多困难，

---

① Theda Skocpol & Margaret Somers, "The Uses of Comparative History in Macrosocial Inquiry", in *Social Revolutions in the Modern World*, Theda Skocpol, Cambridge: Cambridge University Press, 1994, pp.73, 75, 78, 84.图表取自83页。

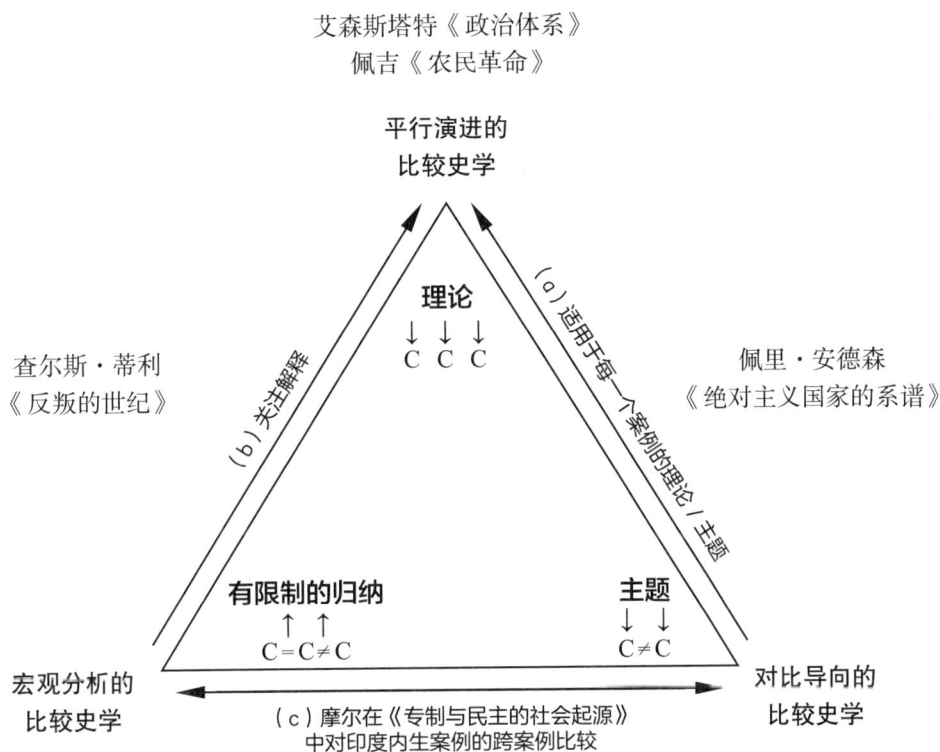

艾森斯塔特《政治体系》
佩吉《农民革命》

平行演进的
比较史学

理论

↓　↓　↓
C　C　C

（b）关注解释

（a）适用于每一个案例的理论／主题

查尔斯·蒂利
《反叛的世纪》

佩里·安德森
《绝对主义国家的系谱》

有限制的归纳

↑　↑
C＝C≠C

主题

↓　↓
C≠C

宏观分析的
比较史学

对比导向的
比较史学

（c）摩尔在《专制与民主的社会起源》
中对印度内生案例的跨案例比较

巴林顿·摩尔《专制与民主的社会起源》
西达·斯考切波《国家与社会革命》
莫尔德《日本、中国（和现代世界经济）》
伯纳《农业阶级结构》
汉密尔顿《中国人的消费》

本迪克斯《民族国家建设》
《国王，还是人民？》
克利福德·格尔茨《伊斯兰观察》
朗《征服与商业》

图 4-1　斯考切波和萨默斯的比较史学三角

也许这项努力本就不会成功。①

斯考切波和萨默斯的意图都在于要对宏观历史比较的方法做出一定的归纳和总结，但她们所呈现的这种类型学划分并不足以形成不刊之论，这也是为何这篇最初起于1979年的草稿后来在1994年才公开面世的原因。而在此之前，1984年蒂利也曾在《大结构、大进程和大比较》中对宏观历史比较做出了他自己的分类。但是他们的分类更多处于对各式比较挑毛病、找缺陷，因为解决所有问题的完美比较方法并不存在，每种比较都有其最佳应用范围和无法完美解释的盲区，这也是为何后来斯考切波和萨默斯都提出要将不同比较结合起来、合理调用的重要原因。历史社会学的"宏观历史比较"本身并不需要经历体制化的理论定型；相反，作为一种方法，它的价值应当更多体现在实证研究的灵活运用和恰当解释之中。

历史社会学的此种宏观历史比较往往"偏重直接的理论阐释而非叙事，即将不同的文明形态与历史过程置于同一个可以比较的分析框架之下"②，并置对象的可比性常常遭受争议。此类比较始终面临可比案例数目有限、案例可比性标准不一的困境，它是否能够完全摆脱作为主流统计学方法之外的备选方法这一地位，这取决于更多具有说服力的实证研究著述的面世。

但无疑，美国历史社会学家的这种方法论上的推进和阐发构成了一

① Theda Skocpol & Margaret Somers, "the Uses of Comparative History in Macrosocial Inquiry", in *Social Revolutions in the Modern World*, Cambridge: Cambridge University Press, 1994, p.86, 88.

② 孟庆延：《古典根源与现代路径：作为总体视域的历史社会学》，《广东社会科学》2018年第6期，第179页。

种途径，展现了历史的差异和丰富。甚至克雷格·卡洪认为此种强调方法论的理论自觉意识也巧妙掩盖了历史社会学自身的激进色彩，为更多实证主义的信徒所接受。历史社会学兴起之后，同样也经历了"驯化"（Domestication）[①]。

[①]　Craig Calhoun, "The Rise and Domestication of Historical Sociology", *The Historic Turn in the Human Sciences*, Terrence J.McDonald eds, AnnArbor: The University of Michigan Press, 1996.

第五章

跨大西洋的比较

——以"粮食骚乱"为例

前一章介绍的三位美国学者都是结构主义社会学的代表,巴林顿·摩尔、查尔斯·蒂利、西达·斯考切波他们都意识到了社会学理论在20世纪末面临着从"结构"到"文化"转型的问题,并都承认自身越来越受到欧洲学者的深刻影响。在本章中,笔者将选取曾经尝试转型的美国历史社会学家查尔斯·蒂利同成功的英国文化研究学者、新马派的代表人物爱德华·P.汤普森展开对读,从而观察美国的历史社会学到底在多大程度上吸收并借鉴了欧洲的思路,并对这种跨大西洋的对话做出一种简单的评述。

一、从"结构"到"文化"的转向:两个代表人物

在20世纪80年代之后,查尔斯·蒂利的研究发生了一个较为明显的转向,他把自己的研究重点从所谓的"集体行动"(collective actions)转向了新提出的"抗争政治"(contentious politics),在研究方法上也开始日渐放弃量化研究的统计学手段,不再那么依赖对机读卡片的数据化处理,[①]

---

① 查尔斯·蒂利曾在1969年到1984年间就职于密歇根大学安娜堡分校,其间他执掌社会组织研究中心,获得了包括美国国家科学基金在内的大量经费支持,雇佣大量研究生构建了一个欧洲抗争活动的数据库。该项目主要从报纸记载的新闻报道中进行数据发掘,逐年统计了欧洲数百年里的各类游行、示威等抗议活动。其研究成果主要反映在20世纪70年代中期,蒂利同他人合著的两本书中:Edward Shorter & Charles Tilly, *Strikes in France, 1830-1968*, London: Cambridge University Press, 1974; Charles Tilly, Louise Tilly and Richard Tilly, *The Rebellious Century, 1830-1930*, Cambridge, Mass.: Harvard University Press, 1975. 蒂利后来在1984年理论反思的小册子《大结构、大进程和大比较》中,称这种量化研究的方法为"最为严重的技术滥用",是"对(不加区分的)大搅拌(the Great Blender)的滥用","对厄萨茨人造代用实验室(the Ersatz Laboratory)(所采取方法)的滥用"并描述了量化数据,进行数理分析的具体操作方式,对其机械而不真正面对现实的问题做出了反思,甚至是批评。Charles Tilly, *Big Structures, Large Processes, Huge Comparisons*, New York : Russell Sage Foundation, 1984, pp.116-117.

而是反观历史档案库中的那些有趣的文献案例，意欲向历史叙事回归，从"搭建模型"转向"故事讲述"。早在1975年编写合集《西欧民族国家的形成》一书时，蒂利就对近代早期乡村社会中的"粮食骚乱"（Food Riot）问题做了细致的讨论；在80年代，讨论抗争戏码（repertoire）时，他更是对法国民众在几百年间的抗争表现形式做出了一种全面系统的梳理，试图找出抗争戏码发生变化的时代节奏和内在动力。由此，在1986年，蒂利出版了《法国人民抗争史：四个世纪/五个地区》[①]一书。该书具有浓重的历史叙事意味，谈及了流传于法国底层社会中的民众抗争的各类表现形式。这些抗争表演内容丰富、形态各异、极有戏剧化的展演性质。90年代中期，他还曾写过一本讨论英国抗争政治的史著《大不列颠的民众抗争，1758—1834年》[②]。该书使用了大量的历史档案和报刊文献，对英国近百年的八千余次抗议集会做了编目统计和阶段划分。并注意到了"事件"（event）这个分析单位的重要性，也涉及了对"事件"在时间轴上之前后排序和不均衡分布的讨论。在不同时段，不同类型的抗议事件出现的密集程度不同，似乎预示着抗争手法的不断调整和社会整体政治进程的场次切换。与其最著名的代表作《强制、资本与欧洲国家，公元990—1992年》一书相比，这两本聚焦法国和英国大量史实的长时段著述有明显要向历史学家献礼的倾向，但出版后的实际反响却差强人意。并没有被历史学家所过于看重，也不怎么激起社会学家的深入讨论。这

---

① Charles Tilly, *The Contentious French:Four Centuries of Popular Struggle*, Cambridge, Mass.: Belknap Press, 1986. 中译本见〔美〕查尔斯·提利：《法国人民抗争史：四个世纪/五个地区》（上下），刘絮恺译，台北：麦田出版股份有限公司，1999年。

② Charles Tilly, *Popular Contention in Great Britain, 1758–1834*, Cambridge, Mass.: Harvard University Press, 1995.

两本书反映出了蒂利内心的一种焦虑和矛盾。他曾经摸索着要写出一部更具历史感，更易被历史学家所广为认可的叙事作品。蒂利试图以这两部作品作为经验研究的例证来整合历史学的史料支撑和社会学的理论建构，打通"历史"与"理论"。但他这种两头讨好的做法并不能让历史学家和社会学家都来买账，反倒让双方都感到无所适从，难以表态。政治社会学家西德尼·塔罗曾指责蒂利的此类作品过于偏重历史描摹，而疏于理论归纳。[①]法国史家尤根·韦伯（Eugen Weber）则在点评《法国人民抗争史》时，称其"长于描写，而短于背景"，分析肤浅而细节不够。[②]蒂利这种并不成功的取悦之举曾长期不被历史学界所注意。甚至后来，到了晚年，他自己也不再那么渴望与历史学家展开对话，而是又收缩了战线，退回到了原位，更多加入到与社会学理论家们的对话中去。

　　在20世纪90年代，蒂利转向了对社会关系和社会机制的探讨，他的对话对象又变回了政治学家和社会学家。蒂利作品中曾昙花一现的历史叙事进一步被人遗忘。但如果精微考查这种有意而为的写作调整，也许我们可以见微知著，触及一位历史社会学家曾经的心路历程，从而对结构主义的历史社会学在20世纪末所遭受的冲击得以有所认知。本节力图呈现蒂利在20世纪70—80年代的这个窗口期，并从文本分析的角度来看看，这位立志要回归叙事的美国学者是如何与另一位欧洲的文化研究者E.P.汤普森展开对话的。

---

　　①　Sidney Tarrow, "Review: Big Structures and Contentious Events: Two of Charles Tilly's Recent Work", *Sociological Forum*, Vol. 2, No. 1 (Winter, 1987).

　　②　Eugen Weber, "［Review］The Contentious French: Four Centuries of Popular Struggle", *The Journal of Modern History*, Vol.59, No.4 (Dec.1987), pp.850–853.

笔者之所以选取汤普森和蒂利作比,是基于如下几个考虑:首先,两人在研究议题上有所交叠之处。他们都处理了相似的历史问题,两人都曾从底层民众的粮食叛乱这类欧洲近代早期的抗争活动入手,试图解释此类活动与更大的宏观社会结构转型的关系。第二,两人能够做到"以小见大",他们的研究都直接或间接回答了最经典意义上的历史社会学的两大核心研究议题:国家建设和资本主义兴起。他们各自的研究视野都具有通观全局的气度,并不会遭受到新文化史所面临的碎片化危机。由此,二人作品因其成熟度高而已经被学界所广为接受,成为毫无争议的历史社会学的经典之作。第三,两人在经验研究背后所抱持的理论立场和而不同,并具有鲜明的国别特色和本土传统,事实上代表了历史社会学在20世纪后半叶的一种欧洲理论和美国理路。最后,透过两人的经验研究,事实上可以归纳出历史社会学在理论层面上的几个核心问题意识。

下文首先以同一个实证研究主题为切入口,分别呈现两人如何具体处理了历史社会学从"结构"到"文化"的转向,然后透过两种不同的处理方式去考察他们在回答一些核心理论问题上的异同。

二、以"粮食骚乱"为例:蒂利的解释

1975年,蒂利写了一篇长文《现代欧洲的粮食供给和公共秩序》,这篇文章具有浓郁的社会史色彩,提出了一个过去并不为社会学家所看重的微观议题——"粮食供给"(food supply)——的重要研究价值。

蒂利认为,这个微观议题也是解释现代民族国家得以建构的一个特殊视角,并成为国家研究中"财政军事型视角"的重要组成部分。他首先引用了小说家和文化史家的作品,呈现了意大利米兰和法国巴黎地区

发生"粮食骚乱"①的生动场景，然后指出类似关系民生的骚乱类型曾在19世纪之前广泛盛行于欧洲各国，并对公共秩序造成了严重的威胁。他说："如果我们无视粮食骚乱与旧制度中的日常行政运作和政治生活的亲密关联，那么我们也会忽略掉此类骚乱所代表的一种连贯一致的政治行动。"他认为，此类政治行动绝非只是基于饥饿而做出的冲动为之的绝望之举，"粮食骚乱曾是一种重要的政治事件，并且是极为重要的一种"。因为"食物是各类严重冲突的聚焦点"②，有效率地汲取谷物，供给城市居民和军队，这是国家的重要职能和必须完成的政治任务。与此同时，"乡规礼俗"和"本地需求"（local need）也常常赋予地方权威以对抗中央政府的口实和资本。广泛盛行的乡村起义有其地方主义的内在逻辑，喂饱民众有时是必须满足的现实要求。即使是到了19和20世纪，"生活成本居高不下也经常是工人展开罢工和游行的中心议题"③。

　　在蒂利眼中，这种传统的粮食骚乱事实上有牵一发而动全身的威力，愤怒的个体行动聚集起来，会在怨恨的蓄水池中形成一种对抗政府的高压模式，如若处理不善，就会造成井喷，一发而不可收。粮食骚乱绝非只是一种附带的偶发现象（epiphenomenon），表层之下，现象背后，潜藏着"国家建设者"和"求生存之民众"之间的漫长斗争和紧张博弈。

---

　　①　在官方记录和史家笔下也简称为"粮乱"，民众更为通俗和口语化的表达是"霸粮"（grain seizure），即以地方优先的信念和劫富济贫的伦理来霸占被恶人所掌控的粮食，进行粮食供给的所谓的"合理"再分配。

　　②　Charles Tilly, "Food Supply and Public Order in Modern Europe", in *The Formation of National States in Western Europe*, Charles Tilly eds, Princeton, N.J.: Princeton University Press, 1975, p.386.

　　③　Charles Tilly, "Food Supply and Public Order in Modern Europe", in *The Formation of National States in Western Europe*, Charles Tilly eds, Princeton, N.J.: Princeton University Press, 1975, p.387.

蒂利说："排在所有福利问题之前，谷物问题占据了政府忧虑的全部内容。"[①]粮食的供给和分配，涉及民众对国家的需要程度，并决定民众所能允许的国家权力的下渗程度。国家权力在底层社会的实际效力很大程度上来自于底层民众的合意认可，政府绝不敢轻易得罪那些虎视眈眈的饥民。粮食的分配和外输也涉及各大城市的发展，涉及无地和有地的贫苦劳动力阶层之间的内在关系，涉及政府相关管理和协调人员的配置比例。面对粮食供给这个烫手山芋，国家深深地卷入其中，既不能甩手不管，又不能完全掌控，政府要跟民众、特别是那些产粮地区的底层百姓商量着办。[②]粮食政策失误会给国家带来一系列的不良后果。为稳定基层乡村社会，确保税收足额汲取，国家需要正面回应各地民众对粮食供给和分配的不同诉求，并与之展开议价协商。正是这一议价过程构成了抗争政治的研究内容。

按照蒂利的归类，他把"粮食骚乱"具体分成了四大类型：一是惩罚性的行动（the retributive action），即民众直接攻击囤积居奇、借机牟利的个人及其财产；二是价格骚乱（the price riot），即群众直接霸占粮食并宣布合理价格，公开售卖；三是堵路封锁（the blockage），即本地民众阻止粮食向外运输，严禁粮食离开当地，进入自由市场流通；四是农人示威（the agrarian demonstration），即农民在示威中倾倒并毁坏他们的农

---

① Charles Tilly, "Food Supply and Public Order in Modern Europe", in *The Formation of National States in Western Europe*, Charles Tilly eds, Princeton, N.J.: Princeton University Press, 1975, p.392.

② Charles Tilly, "Food Supply and Public Order in Modern Europe", in *The Formation of National States in Western Europe*, Charles Tilly eds, Princeton, N.J.: Princeton University Press, 1975, pp.390, 397-413.

产品，以泄愤、警告、做出激进的政治表态。①

底层民众的这些怨恨表达看上去似乎是非理性的，难以理喻，充满了情绪宣泄和报复心理，并不如口号昂扬的革命改革和血雨腥风的武装暴动来得绚烂、透彻、富有实效性和行动力。但在蒂利看来，这些不那么暴烈的、带有扯皮性质的讨价还价和舆论谴责事实上更为密集、持久地出现在了长时段的历史进程之中，并以一种"软磨硬泡"的风格获得了一种强韧的生命力。此类活动从未放弃打磨国家形态、改造国家职能的努力。蒂利指出，与"粮食骚乱"相关的乡村抗议活动事实上从1500年一直延续到了1900年，并且在18世纪开始表现出了一种强烈的反资本主义色彩，考验着国家处理内政危机的能力。欧洲国家从很早的时候开始，就已经出现了警政（police）②，而其最初的一项职能就是监督市场、予以干预。这种职能是同应付对外战争的军事职能相分离的，是现代民族国家在形成过程中所承载的"意外的负担"，但也强化了国家对基层社会的控制力度，是国家能力（state capacity）增长的具体表现。

蒂利在研究法国勃艮第地区的案例时指出的："这些'粮乱者'所做

---

① Charles Tilly, "Food Supply and Public Order in Modern Europe", in *The Formation of National States in Western Europe*, Charles Tilly eds, Princeton, N.J.: Princeton University Press, 1975, p.386.

② 蒂利曾指出：警政这个字眼在法国大革命之前的旧制度（old regime）中指"对一切公共罪恶的监督及矫正，含义较现在的用法要来得宽广。其关心的焦点众多，包括公共卫生、防火及疗养院；乞丐，无业游民及罪犯的追捕；赌博、公众集会及庆典的核可，等等"。参见〔美〕查尔斯·提利：《法国人民抗争史：四个世纪/五个地区》（上），刘絮恺译，台北：麦田出版股份有限公司，1999年，第5页。19世纪的档案管理员通常会以主题和大略的历史分期对这些文件做出归类，这构成了重要的史料来源。据蒂利在一篇介绍个人学术经历的访谈中回忆，他最早到法国档案馆中查阅的原始文献就是此类档案，阅读法国民众的陈情书直接激发了他对集体行动和抗争政治的研究兴趣。参见：Bruce M. Stave, "A Conversation with Charles Tilly: Urban History and Urban Sociology", *Journal of Urban History*, Vol.24, No.2, Jan, 1998.

的，不过是在代替或是逼迫当局做他们应该做的事。"①只有当地人才可以定义当地哪些事是应该做的，哪些事是不应该做的。如果顺着这个思路下去，无疑，这些乡村底层民众是在借助暴力手段强制推行一种乡村伦理，一种地方上的不成文的规矩。但是令人扼腕的是，蒂利并没有顺着这个思路进一步写下去，他没有就乡村文化的特质展开陈述，而是转而回到了宏大主题，即"国家建设"和"资本主义崛起"这两个中心议题上。应该说蒂利一生的实证研究都绕不开这两大主题，他始终认为整体性的社会转型才是他理解零碎事件的线索和串联各场抗争的链条。蒂利没有进一步探讨乡村伦理本身所蕴含的道义经济学解释和传统习俗对乡村社会的控制威力，而是转而将这种地方保护主义的做法解释成对中央集权和资本主义运作方式的抵制，他说："霸粮行动本身同时阻却了商业资本主义的发展。霸粮者并不是以这样的方式去理解自身的行为，他们看到的，不过就是商人和官吏并未善尽其职守，致使穷人的权利受到侵犯，因而得挺身保护自己的权益。只有借由事后回顾，我们才会发现其实他们所攻击的，是一个正在扩张中之体系的最显见部分，而这个体系，正是现在我们称之为资本主义的财产关系体系。在资本主义无可阻遏的扩张过程中，霸粮行动本身，充其量只能对它稍起阻滞效果。"②然后，他没有讨论霸粮行动的发起者所抱持的心理动机，而是将其归结为一种在切身"利益"受损之后所激发的直接反应。

事实上，蒂利与西达·斯考切波在《国家与社会革命》中的处理方

---

① 〔美〕查尔斯·提利：《法国人民抗争史：四个世纪/五个地区》（上），刘絮恺译，台北：麦田出版股份有限公司，1999年，第43页。
② 〔美〕查尔斯·提利：《法国人民抗争史：四个世纪/五个地区》（上），刘絮恺译，台北：麦田出版股份有限公司，1999年，第47页。

式是一样的，他们两人都没有把各类抗争活动的“行动主体”视为个体生命，而是将其抽象成了“霸粮者”或“某个革命阶级”这种模糊的集体性的人群概念。正如斯考切波极力反对集体心理学的革命解释，蒂利在分析抗争政治中的抗争行为时也同样完全回避了“心态”、“意识形态”以及“政治话语”这类概念。相反，蒂利又回到了结构性因素中去找原因，他认为是嵌入在社会框架中的“利益”、“时机”和“组织”这三个因素促使了粮食骚乱的出现，他试图用这三个因素来连接两大宏观历史进程（资本主义发展和现代国家建设）和大量的微观抗争活动，霸粮也包含其中。

如果追溯蒂利早年对集体行动研究的文献，就会发现，这三个因素事实上来自1978年出版的《从动员到革命》一书里的“动员模型”（the Mobilization Model）[①]，按照这个模型的解释，社会中的某一团体之所以会被动员起来参与集体行动，直接受到了四个因素的影响，其中“利益”（interest）和“组织”（organization）这两个因素来自团体本身，而“机遇或威胁”（opportunity/threat）和“压制或促进”（repression/facilitation）这两个因素来自团体所面对的外部条件。这四大因素共同作用于“动员”（mobilization），并以不同的强度组合塑造着动员过程。同时，参与集体行动的团体自身所有具有的“力量”（power）也受制于“压制或促进”因素的限定并对所遭遇到的“机遇或威胁”因素做出回应。

蒂利的这种解释事实上反映了一大批反对社会心理学解释的社会运动研究者的共同特征，即以现实主义的、感情无涉的研究在集体行动

---

① Charles Tilly, *From Mobilization to Revolution*, Mass.: Addison-Wesley Pub. Co., 1978, pp.54-57.

和社会运动的过程中归纳一些必要条件和决定性因素，然后单纯讨论这些条件或因素之间的联动关系和相互作用，从而抽离出一种符合逻辑的理论解释。但是这一解释是一种理想化的处理方式，增进了我们对规律的把握，却忽视了各类集体行动和各场社会运动的多变特质。如果依照"政治过程论"的视角，完整观察动员过程的起始、发展、后果，从完整的集体行动或社会运动的生命历程上加以考察，人们不得不承认：各个因素不断参与着互动博弈，在这个过程中，各个因素之间的关系并非一成不变，甚至常常被偶然性的突发因素所干扰。并不是说人们按下一个按钮就能立马启动"动员机制"从而生产出规范性的"集体行动"或"社会运动"，各因素就像转动的机械齿轮一样，发生联动作用，生产出统一的"社会后果"。社会后果往往是千差万别的。蒂利的这一解释仍然偏重于对"政治机遇结构"（Political Opportunity Structure）的静态分析，这虽然可以解释集体行动如何被鼓动起来，但对后续发展中的变数和偶然，却缺乏微观解释的认识工具。任何一场集体行动都是在"外部社会结构"和"行动者能动性"的双向互动中完成的，蒂利的这个模型可以就"外部社会结构"的各个因素以及外部因素对行动者的影响作出解释。但是人们同时会问：既然拒绝对行动者的心理机制做出解析，那么行动者主体能动性的发挥靠什么认识工具来加以剖析和解读呢？这个难题，蒂利一直没有很好地解决。

1978年蒂利在《从动员到革命》一书中介绍完自己的"动员模型"之后，马上就承认了这一模式的问题所在：第一，该动员模型是一副缺乏血肉的骨头架子（bare-bones），信仰、习俗、世界观、权利或义务所带来的现实效果并不能在这一解释模型中获得直接的代表，蒂利笼统地将其打包放入了行动者的"利益"解释中；第二，这个模型是没有时间维度的，对于各因素策略互动的进展过程如何影响着行动者自身力量的消长，该模型无法解释；第三，这个模型本质上来自于定量研究，关注集体行动的数量和组织化的程度，换言之，这个模型来自对大量案例标准化数据处理之后的归纳，这一过程肯定会牺牲各个案例的特殊性。集体行动本身的丰富性被大大压缩。①

　　蒂利最大的问题就在于他始终不能对历史行动主体做个人化的认知，他总是不假思索地将集体行动的参与者看作充分社会化了的、置身于社会结构这部精密仪器中的一个零部件，而不打算赋予集体行动者以真切的生命力。换言之，如果说1978年《从动员到革命》在灌输一种纯粹的系统的社会学理论，那么1986年的《法国人民抗争史》则立志要调用历史材料来充分说明这个理论。但在实际的写作上，由于蜻蜓点水式的事件举例只是为了在一个历时四百年的长时段中归纳出戏码变迁的变化，而非真正深入每场集体行动或抗争政治的内部展开微观剖析，因此，最终的效果还是给阅读者一种不甚了了的感觉："堆砌事例，论证理论。"在蒂利的作品中，始终有种局外人的冷漠之感，而无历史写作中常常出现的"因人性共通，而感同身受"的共鸣感和感染力。蒂利作品中的人物因其社会位置而被赋予了一种脸谱化的形貌，他们往往以集体列队的姿态被笼统地冠以"集体行动者"，"抗争诉求的表达者"和"抗争政治的参与者"等标签化的称呼，但单个历史主体的生动面目并不出现在蒂利的陈述之中。也许可以戏谑地说，蒂利写的是"没有活人的历史"，"没有个人的历史"，是千人一面的社会团体之构成部分的历史。这是真正的病根所在。

---

　　①　Charles Tilly, *From Mobilization to Revolution*, Mass.: Addison-Wesley Pub. Co.,1978, p.58.

曾有学者对盛行于20世纪70年代和80年代初的资源动员范式做出过批评，也许他的批评同样可以拿来解释蒂利的症结所在。迈耶·N.扎尔德（Mayer N.Zald）曾说：资源动员范式"建立在一系列简单假设之上，这些假设清楚地把社会运动研究放置于工具性的、功利主义的自然科学传统之中"①。这种对标自然科学的工具化解释是结构主义社会学的通病。此类研究总是把人放在社会的概念之下，而不是放在历史的原位。蒂利的作品无法在社会理论与历史叙事之间灵活切换，他所呈现的是一种故事梗概和剧情提要，而精微细节并不连贯，人物面目也并不明确，总是充满了断裂和缝隙，这让历史学家感觉空洞、机械，了无生气。

为了解决蒂利所没能解决的问题，或者说为了给社会结构论的解释补充意识形态的观察维度，在社会学的理论讨论层面，学者们提出了"结构"和"能动性"的二元互动，并越发关注对"能动性"的剖析。如果放在社会运动或抗争运动的学术史中来加以考察，那么在20世纪90年代之后，赵鼎新认为"话语""符号性行动"和"情感"成为新兴的研究重点。②但这种纯粹社会学理论的讨论因举例有限，更是把历史学家推到

---

①　卡洛尔·麦克拉吉·缪勒，"第一章 建构社会运动"，载〔美〕艾尔东·莫里斯、卡洛尔·麦克拉吉·缪勒主编：《社会运动理论的前沿领域》，刘能译，秦明瑞校，北京：北京大学出版社，2002年，第3页。

②　按照赵鼎新的归纳，此类研究分三类。第一类"研究强调政治文化在运动话语和符号性行为的产生中所起的作用"，如弗朗索瓦·弗雷、林恩·亨特、白鲁恂和小威廉·休厄尔等人即这一思路。第二类学者以大卫·斯诺（David Snow）等人提出的"框架调整"（frame alignment）概念为代表，他们认为，有时候社会运动的组织者需要自主创造出一些更为直接、简单明了的话语来让被动员者加以接受，才能实现有效动员。在这派学者看来，"社会运动中的话语形成过程实际上是一个运动组织者为了成功地动员参与者而建立策略性框架（strategic framing）的过程"。第三类则"旧事重提"，"把传统社会运动理论所强调的，但被政治过程理论抛弃了的情感因素重新引入社会运动和革命研究"。赵鼎新：《社会与政治运动讲义》，北京：社会科学文献出版社，2006年，第41—42页。

了一边，使之无法参与。

那么，为何集体行动、社会运动和抗争政治（也包括革命这种激进化的斗争形式）的研究者们无法提供对个体历史行动者的精微描绘呢？为何阅读此类研究的读者总是觉得无法跟历史中真实的人接上头、却总被带领着去参观那些由社会学理论家（也包括很多的历史社会学家）所打包、装罐并贴上标签的"社会标本"呢？而且这些标本还是成批次地出现，被放在一种被理论所搭建起来的搁物架上，不断因其条理分明，分类规整而受到赞许。①

或许这跟社会学和历史社会学的定义本身密切相关。如果说社会学的奠基是为了研究现代社会，那么历史社会学更是如此，而且是要从现代社会何以出现的长进程中加以透视现代社会的变迁过程。由此，历史社会学必将要处理"大结构"和"大进程"（历史社会学家认为最核心的两个进程是现代国家和资本主义制度，以及与二者相关联的一些次生结构）的变迁。那些推动了整体结构发生变化的广义的社会运动作为"现代转型"的动力来源，是由人民的集体合力所造就的。按照马克思主义的用语就是"人民群众是历史的创造者"，先进阶级推动历史变革；用社会史和新史学的说法，就是普罗大众"从地窖到阁楼"的"大众政治"推动了现代社会的自由主义文化。

总之，如果把赵鼎新所言的三句话提取出来，并加以重新排序，就会形成如下的一种逻辑："社会运动和革命都是伴随着现代化的到来而出

---

① 此处的这一质疑发问呼应了赵鼎新对蒂利《强制、资本和欧洲国家》的批评，以及小威廉·休厄尔对斯考切波《国家与社会革命》的批评。

现的社会现象。"→"现代社会的到来与欧洲传统精英政治的垮台有很大的关系。"→"随着传统精英政治在欧洲的垮台,'人民'作为一个社会行动者首先在欧洲,随后在全世界逐渐登上历史舞台。"①E. P. 汤普森也也曾说:"在法国革命之前几乎无法把普通人民看作历史的推动者。在这个时期以前,他们在突发的社会骚乱时期不定期地阵发性地闯入历史画面。"②在旧式历史书写中,闯入者往往以搅局者的负面角色衬托大人物的英明神武,力挽狂澜。而到了工业社会之后,贵族盘踞高位的社会等级制瓦解,平民作为一种新兴政治力量获得了发声的权利,并拥有了声张权利的议会民主制的管道。由此,现代社会中的普罗大众、革命行动中的人民、具备爱国心的民族国家的公民——这些被贴上集体标签的人群成为了历史的主人翁。既然现代社会要告别传统社会的精英政治,走向"人民的政治",那么必须对复数的、作为结合体的人民做出一种整体上的评述,而不能单拎出一个英雄或领袖去讨论他个人对社会变革有何推动。在20世纪后半叶,美国的历史社会学家们更是要与前现代传统社会中的精英政治划清界限,体现历史社会学的自由主义的政治态度。由此,历史社会学只能致力于研究"大结构"和"大进程",而拒绝为"大人物"歌功颂德、树碑立传。从这个意义上说,不呈现单个社会行动者,而呈现作为团体之成员的行动者,这一处理方式体现了历史社会学家们的"政治正确"。历史社会学家们对这一做法深信不疑,且不容挑战。

---

① 赵鼎新:《社会运动和"人民"登上历史舞台》,载赵鼎新:《国家、战争与历史发展:前现代中西模式的比较》,杭州:浙江大学出版社,2015年,第199—200页。该文也曾于2013年8月4日发表于《上海书评》,A07版。

② 〔英〕爱德华·汤普森:《共有的习惯》,王加丰、沈汉译,上海:上海人民出版社,2020年,第215页。

单数的个人之于社会转型，如同"蚍蜉撼大树"，力不能及。社会学家和历史社会学家笔下的行动者注定是复数的，而非单数的。行动中的"人民"作为一个整体，常常被看作整齐划一、齐心合力的，而不是千差万别、各自为政的。唯有如此，才能简化论证的过程，便于规律的总结。广义社会运动的第一代心理学解释，将行动中的"人民"解释为非理性的，具有群氓的嫌疑；第二代社会建构论解释脱去了价值判断，将行动中的人民解释为纯粹经济学意义上的经济人/理性人（Hypothesis of Economic/Rational Man）。但那些爱去研究单数的人的历史学家则高明得多，他们把历史中的行动者看作理性和非理性的合体，时而理性，时而非理性。规律和偶然，皆有可能。这才是历史的原貌，真实的"人民"。

三、以"粮食骚乱"为例：汤普森的解释

如果我们对观英国文化史家E.P.汤普森对同一主题的讨论，就会发现汤普森处理这一问题的思路与蒂利完全不同。汤普森是从"平民文化"（the plebeian culture）的角度来加以处理，但他也指出："我希望'平民文化'成为一个更为具体的和便于使用的概念，不再处于'意义、态度和价值'的空中楼阁，而是处在一种社会关系（一种剥削和抵制剥削的工作环境）和权力关系（被家长制和服从的礼仪所隐蔽）的具体均衡中。（我希望）通过这种方法使'平民文化'处于它适当的有实际意义的住所中。"①汤普森对"平民文化"的分析也是基于社会史中的现实主义

---

① 〔英〕爱德华·汤普森：《共有的习惯》，王加丰、沈汉译，上海：上海人民出版社，2020年，第18页。

观察，谈的是社会中充分社会化了的民众的政治意识，并认为此类政治意识与结构性因素同等重要，同样也是有力的社会改造武器。汤普森认为：从18世纪开始，贵族文化和平民文化拉开了距离，下层民众中流传的"习惯意识和习惯做法在18世纪表现得特别强烈"[1]。从18世纪到19世纪，劳动人民的文化越发具有政治意义，并缓慢的推进着变革。他说："某些'习惯（custom）'是晚近创造的，并且实际上是在要求新的'权利'。"[2]习惯会催生出权利诉求。弗兰西斯·培根把习惯定义为"被劝导的和积久渐成的惯性行为"[3]，"习惯是人生主要的法官"。旅居英国的荷兰道德哲学家伯纳德·曼德维尔（Bernard Mandeville）在《蜜蜂的寓言》中甚至说"习惯是侵犯我们的暴政"[4]。习惯一旦被赋予道德和伦理上的合法性，便具有势不可挡的气势，成为一股重要的变革社会的巨大力量。

汤普森从底层社会中"共有的习惯"（customs in common）入手，试图去揭示乡村政治在朴素外表之下的文化逻辑。汤普森认识到：为了要捍卫"习惯"，平民文化有时极具反叛色彩。而这些为了表达诉求、争取权利而展开的反叛活动实际上就是蒂利笔下的抗争政治。汤普森在谈及18世纪英国粮食骚乱的时候，他是从道义经济学的伦理正当性上解释了骚乱发生的动因。他的立场同美国的一大批历史社会学家一样，也是

---

① 〔英〕爱德华·汤普森：《共有的习惯》，王加丰、沈汉译，上海：上海人民出版社，2020年，第13页。

② 〔英〕爱德华·汤普森：《共有的习惯》，王加丰、沈汉译，上海：上海人民出版社，2020年，第13页。

③ 〔英〕爱德华·汤普森：《共有的习惯》，王加丰、沈汉译，上海：上海人民出版社，2020年，第14页。

④ 〔英〕爱德华·汤普森：《共有的习惯》，王加丰、沈汉译，上海：上海人民出版社，2020年，第15页。见 Bernard Mandeville eds., *The Fable of the Bees*, Harmondsworth, 1970, p.191.

要质疑经典现代化理论及其支流。汤普森在《18世纪英国民众的道德经济学》一文中，特别对美国经济社会学家、发展理论中的阶段论代表瓦尔特·惠特曼·罗斯托展开了批评。他称罗斯托是社会动乱研究之"阵发论学派的老前辈"，因为后者试图用"失业和高物价指数"等统计数据来勾勒出社会骚乱的曲线图。然而，"有太多的发展历史学家犯了愚钝的经济简单化的错误，忘记了动机、行为和作用的复杂性"，根本上说，"这些解释所具有的弱点在于一种对经济人的简单化的看法"[①]。通过建立标准化的数据库，大量整理工作对形态各异的社会事件进行修整和拣选，然后做成标准卡片，数据输入。透过一系列公式运算，输出一系列图表、曲线和柱线图。这种计量研究看上去极为客观、中立，符合自然科学的精准要求。但是历史中活生生的人是不能被简单的数学符号所标示和取代的，人的个体经历和社会活动都是具体的、历史的、甚至是随机的。社会科学家们很少将"日常经验"放进他们的解释框架中，因为"日常经验"往往千奇百怪、姿态各异，难以被总结和概括。事实上，像罗斯托这类试图通过对经济发展之阶段性表现进行量化总结的学者仍然是在用科学统计和数理分析的技术手段为宏大普适理论背书。这类学者"认为自己的使命就是找到居高临下支配着日常生活中各种偶然事件和混乱的无上法则"[②]。他们立志于要抛弃琐碎，远离现象，高屋建瓴，参透本质。换言之，他们对穿越古今，超越时间的某些"非历史的"（unhistorical）理论提炼过于痴迷了。

[①] 〔英〕爱德华·汤普森：《共有的习惯》，王加丰、沈汉译，上海：上海人民出版社，2020年，第217页。

[②] 〔美〕小威廉·H.休厄尔：《历史的逻辑：社会理论与社会转型》，朱联璧、费滢译，上海：上海人民出版社，2012年，第8页。

汤普森虽然也承认理论的重要，但他也认识到了"理论的贫困"（在此借用了其著作《理论的贫困》的书名）。在分析粮食骚乱时，汤普森特别指出，"家长制的市场管理"模式是一种老旧的习惯，在很长一段时间内，民众曾对其充满期待并信任有加。虽然新的政治经济学解释认为，如果"让谷物像水一样流动"，那么"它将找到水平状态"。自由放任的政策会让市场发挥自发调节的功能，完成供需平衡。这种理想化的推理完全是一个到了相当晚近的历史时期才被人们广泛接受的一种经济理论，或者说它是在资本主义站稳脚跟之后才大行其道的。而在近代早期，在传统乡村社会的地理空间和政治场域中，没有老百姓会对这一古怪的说法买账。因为对底层民众而言，他的习惯来自日常生活的切身感知，他们对粮食的供给和价格波动异常敏感，并会毫不犹豫、不计代价地就当下的得失做出应激性的反馈。"穷人的经济学仍然是地方性的和地区性的，是从生存经济学中派生出来的。特别在萧条时期，谷物应当在它出产的地方消费。数世纪以来，在匮乏时期出口，会激起强烈反感。"经济学理论家们用自由开放的资本主义市场理论来冲击旧有的道义原则，肯定会火上浇油，逼着民众揭竿而起。在一位17世纪地方行政官员的口中，粮食出口所引发的骚乱就是："当看到他们的面包这样被从他们那里夺走并送给外国人时，这便把穷人的渴望转变为放肆的狂怒和绝望。"[1]汤普森关注历史现象本身，并着力于描绘一件件轶事和一个个人物，而且这些事件和人物的出现都具有极大的随机性。汤普森采取了一种讲故事的手法来直接呈现这些并不具有过多共性的孤例和个案，他并不急于

---

① 〔英〕爱德华·汤普森：《共有的习惯》，王加丰、沈汉译，上海：上海人民出版社，2020年，第237页。

要对这些案例做出一种归纳和总结。与之相反，尽最大可能复原历史面貌本身也是他的一个目标。

在汤普森的笔下，骚乱本身展现出了丰富的异质性。时间和地点的转换，给各个事例带来了相当多的变化，它们很难整齐划一地被放入某种公式或框架之中，更不会被单一的规律所降服。从骚乱的发动过程来看，"小规模的自发行动可以从一种仪式化的表示不满的嘘声或零售商店外不满的低声语发展起来"，微不足道的抱怨也可积聚成山，闹出大事。"粮食骚乱并不需要高度的组织性。……它具有自己的目标和受约束的继承下来的活动模式"，怎么闹事最为合适、走多远才算成功都并无定论。从骚乱的目标上看，也许骚乱本身并非一定是要追求直接的利益，从威胁中得到的利益已经足够可观。威胁会造成恐怖，有时制造恐怖本身就是一种目标，因为胁迫会产生实际的效力。从骚乱的发生年份和影响范围看，"骚乱的威胁不仅在灾年，同时也在中等的丰年，不仅在容易引起骚乱的臭名昭彰的城市，而且也在那些当权者希望保持和平传统的城市"，骚乱散漫地分布于时空节点上，相当随机，并不均匀排序。从骚乱的最初应对和处理过程上看，"具有骚乱倾向的地区的统治者，对付动乱常常是冷静和可以胜任的。这使得人们有时忘记了骚乱是一种灾难，时常归因于共同体中社会关系深度的错位"，地方行政长官有时极端孤立，他们即使派出部队，也不会马上就位，而是有所延缓。他们也极力避免使用火器，"官员自己富于人情味，并且被十分模棱两可的语言所包围着"。"骚乱是一种灾难，骚乱之后随之而来的'秩序'甚至会成为更大的灾难。因此，当局处于忧虑，一方面对事件作出预判，另一方面通过个人到场、劝诫和让步，在其萌芽阶段突然阻止它。"从骚乱的最终解决方式上看，"可能通过搞家长制的人的干预，可能通过农场主和商人谨慎的自我抑制，或是通过慈善和捐助用钱疏通部分群众来平衡解决"①。

也许在社会学家眼中，汤普森的这种"反理论"特质，让他陷入了历史现象的汪洋大海，甚至有被吞没的可能。但是汤普森提出的串联线索是：传统习惯的力量以及道义经济学的逻辑。汤普森对民众抗争活动的理论提炼并非基于活动本身的社会表现形态，而是基于历史行动者的文化认知共识。

汤普森是"反理论的"，但他又不是"无理论的"。他的理论是一种高度贴合于时空背景的中观和微观层面上的理论，而不是一种好大喜功的宏观普适理论。汤普森始终让他的理论能够展现人性本身的丰富面目，而不是简单映射社会结构的固定分布。汤普森的理论事实上更为接近历史主义对历史本质的认知，即历史是开放的而非闭合的，历史中时刻充斥着大量不确定性和偶然性，改变着历史的外在形貌。同时，汤普森认为历史中的行动者凭其能动性具有反向塑造社会构造的能力；并且他们的具体行动来源于一种基于历史体验而形成的社会意识，社会意识本身可以称之为一种现实的建构性因素改变社会存在。历史中的行动者时刻都在经历着历史，并以他们的经历累积出历史的内容。

简单来说，历史是由历史中的行动主体——人——活出来的，在这一过程中人与社会结构发生了双向互塑。由此，作为具有生命活力的历史并不能完全依循着严格的因果规律来加以解释。这是汤普森个人化的一种立场。在给他带来巨大声誉的《英国工人阶级的形成》一书中，他

---

① 〔英〕爱德华·汤普森：《共有的习惯》，王加丰、沈汉译，上海：上海人民出版社，2020年，第259，262，263—264，265，270—271页。

的这种理论总结上的模糊和浅淡也是人所共见的。甚至引发佩里·安德森的不满，认为汤普森缺乏有用的因果分析。但事实上，汤普森的历史观决定了他不愿意做出因果分析。作为他的妻子，多萝茜·汤普森2000年曾为《共有的习惯》中译本专门写了一篇序言，试图勾勒出汤普森一生的思想特质："他对于历史编纂学或史学理论写得不多，他宁可让理论从历史和文学著作本身之中脱颖而出。"[①]

为其辩护的另一位学者埃伦·凯·蒂姆博格指出：

> 由于汤普森没有就历史资料提出具体的因果问题，所以他并没有试图证实因果理论假设。这种解释性方法的缺失没有剥夺其研究独特的理论意义。《英国工人阶级的形成》并不是试图解释真实的历史事件和因果，而是寻求重新捕获失去的历史可能性。[②]

汤普森致力于去填补历史骨架外包裹着的血肉，试图呈现每一个历史行动者的面目特点，而不是去解释骨架的结构和运动力学上的关联。他希望复原的是一个个鲜活的血肉之躯，一个个在历史中活过的生命历程。他并不把这些生命聚集而成的社会后果作为唯一的关注焦点，他更热衷于呈现最终后果定型前的走向和过程。因此艾瑞克·霍布斯鲍姆也曾替《英国工人阶级的形成》一书辩护："汤普森的主题是前工业社会的

① 多萝茜·汤普森，"代序：E.P.汤普森"，载〔英〕爱德华·汤普森：《共有的习惯》，王加丰、沈汉译，上海：上海人民出版社，2020年，第4—5页。
② 埃伦·凯·蒂姆博格，《E.P.汤普森：理解历史的进程》，载〔美〕西达·斯考切波编：《历史社会学的视野与方法》，封积文等译，上海：上海人民出版社，2007年，第235页。

劳工重构零乱世界的努力，而不是他们努力的最终结果。"① 他要呈现的是种种可能，包括被保留下来的和被淘汰掉的，他更关心时间之流中的历史筛选和备选可能。

汤普森的这种历史观来自英国经验主义的传统。发掘史料并用史料说话而非先形成假定再去搜索史料，这是汤普森一以贯之的研究路径。例如，他曾经在1960年代试图建立一个关于18—19世纪"买卖妻子"的档案库，到了1977年，他的索引卡片上已经收集了300个实例，并指出其中50个非常模糊而值得怀疑②，只有250个是可靠案例。对于这些"可见到的"例子，如何理解其可见性呢？汤普森指出："这是一些其踪迹偶尔落入我视线的事件。……不存在可以使一个人从中抽象出一个系统的样本的资料，这只是浏览每个地区可以自命为是这样一种样本的各种地方报纸的一个结果。"③

汤普森善于发掘微小、琐碎的史料，其史料来源多样，包括：地方法官向某公爵提交的报告，枢密院报告"城市对于吃什么面包的答复"，曼彻斯特市场检察员的记录，教区牧师的记录，地方杂志上的花边新闻，巡回法庭大陪审团指令，个人记录的生活费预算，私人通信，乡下人的日记，行会资格证书，出版物上的各类插图，公共布告，托马

---

① 转引自：〔美〕埃伦·凯·蒂姆博格，《E.P.汤普森：理解历史的进程》，载〔美〕西达·斯考切波编：《历史社会学的视野与方法》，封积文等译，上海：上海人民出版社，2007年，第235页。原文出自：Eric Hobsbawm, "Organized Orphans", a review of *the Making of the English Working Class*, New Statesman 66 (November29, 1963), p.7.

② 〔英〕爱德华·汤普森：《共有的习惯》，王加丰、沈汉译，上海：上海人民出版社，2020年，第501页。

③ 〔英〕爱德华·汤普森：《共有的习惯》，王加丰、沈汉译，上海：上海人民出版社，2020年，第504页。

斯·哈代的小说，乡村民谣等，甚至认为文学作品中呈现的内容同样可以称为可靠的史料来源。他的妻子多萝茜·汤普森曾说："尽管获得是历史学学位，他首要的爱好恐怕还是文学，特别是诗歌和戏剧。他在1946到1947年间开始为成人教育班讲授历史课程时，经常谈及文学。他从未把历史看作文学研究的'背景'，或者简单地吧文学看作历史资料的来源。……他确实把内容看作理解艺术作品最根本的东西。"[1]汤普森关注的是内容本身，他非常善于从文艺作品中汲取其中所折射出来的真实的历史要素，并对其加以辨识。汤普森在研究卖妻问题时，曾引用威廉·哈顿（William Hutton）1804年《诗集：简短故事》（*Poems: Chiefly Tales*）的诗句，谈及卖妻后，丈夫后悔了，请求当地的教区救济员将妻子接回来。用汤普森的话说："诗歌不是证据，但它也不完全是杜撰，因为这是基于诗人自己1740年代做长袜织工学徒时的经历，这位买主威廉·马丁是他自己的朋友。当然，该诗写于（或改写于）1793年，无疑是对遥远的回忆重新创造的结果。"[2]汤普森是先见材料、后做解释；材料丰富，而详加辨析。他是一位典型的人文学者，而较少受到自然科学理念的影响。汤普森的作品，有时会表现出强烈的文学上的亲和力，大量细节和轶事穿插其中，给读者的阅读感受是轻松和愉快的。家常话儿娓娓道来，生动复原了历史中的某个场景。

汤普森与英国本土的学院派并不同路，跟战后美国那批生活平顺的

---

① 〔英〕多萝茜·汤普森，"代序：E.P.汤普森"，载〔英〕爱德华·汤普森：《共有的习惯》，王加丰、沈汉译，上海：上海人民出版社，2020年，第2—3页。

② 〔英〕爱德华·汤普森：《共有的习惯》，王加丰、沈汉译，上海：上海人民出版社，2020年，第531页。

历史社会学家更是差异显著，其研究始终植根于生活实践本身，并无学究故态。他是个有故事的人，并自孩提时代就真正生活在一种国际主义的氛围之中。作为随军传教士，汤普森的父亲曾多年派驻海外，汤普森出生后也随之辗转搬家，曾在黎巴嫩和美国生活。17岁入伍之后，汤普森被派驻非洲，然后到意大利参加了卡西诺战役。他后来回到剑桥大学，取得的学位也是一个战时学位；他的学术教职起航于针对工人阶级展开的成人教育课程。1942年汤普森加入了英国共产党，却在14年后，因为激烈反对斯大林主义而提出了退党要求。因支援保加利亚的共产党游击队，他的哥哥于1942年而捐躯于异国。

汤普森的这种历史观来自以实践原则来对抗结构主义的马克思主义的努力。汤普森是英国马克思主义学派的代表人物之一，但他又是这一学术团体中相当独特的一位。他曾与佩里·安德森和阿尔都塞都展开过著名的大论战，表现出了强烈的批判色彩。汤普森个人丰富的人生历练使其极为关注日常实践，他反对教条僵化了的马克思主义，反对机械唯物论的过度泛滥，反对经济决定论对历史唯物论的扭曲解释。他不愿意把马克思主义看作业已完成了的、不证自明的封闭系统，他坚持认为马克思主义作为一种观察社会和历史的方法，始终应当同"实践活动"相对接。汤普森强调研究者的假说和理论必须同历史证据展开对话，而且这种对话是永无止境的。在捕捉历史证据的过程中，他也认为"社会存在"也在不断同"社会意识"展开对话，而这两者之间对话的中介正是"经验/体验"。汤普森决意要用人道的、文化的马克思主义来抗辩结构化了的马克思主义。他认为"经济基础决定上层建筑"的判断忽略了历史主体的能动性。

具体到"阶级形成"这一问题上，汤普森反对传统马克思主义的解释，即认为阶级意识是对特定的社会和经济结构做出的一种机械和理性的映射。在《英国工人阶级的形成》一书中，他这样写道：

> 我强调阶级是一种历史现象，而不把它看成一种"结构"，更不是一个"范畴"，我把它看成在人与人的相互关系中确实发生（而且可以证明已经发生）的某种东西。
>
> ……当一批人从共同的经历中得出结论……，感到并明确说出他们之间有共同利益，他们的利益与其他人不同（而且常常对立）时，阶级就产生了。
>
> ……
>
> 阶级是人们在亲身经历自己的历史时确定其含义的，因而归根到底是它为一地定义。
>
> ……
>
> 我相信，阶级是社会与文化的形成，其产生的过程只有当它在相当长的历史时期中自我形成时才能考察。[①]

汤普森认为阶级意识应当来自一种集体创造，而这一创造过程来自某个群体共同的生活体验，他们分享着相似的文化资源和生活经验，包括生产过程所造就的通勤习惯和下班后的酒馆文化等诸如此类的体验内容。他们在生活实践中真实经历了种种共同的东西，他们分享着一致的体验，正是这些感受让他们达成了意识上的共鸣，让他们认定彼此归属

---

① 〔英〕E.P.汤普森：《英国工人阶级的形成》（上），钱乘旦等译，南京：译林出版社，2001年，第1—4页。

于同一个阶级。也就是说，汤普森认为某种阶级意识真正造就了某个阶级的登场。由此，社会意识可以进入社会存在，社会中的人用他们在阶级意识左右下的行动实现了对社会结构的改造和重塑。

显然，汤普森在处理历史社会学研究从"结构"到"文化"转向的问题上，远较蒂利更具说服力，且获得了实质性的推进。他的解释能够真正撼动结构主义的解释框架和理论预设，并获得了更为广泛的阅读人群。汤普森的作品，特别是他关于阶级形成的理论在历史学界内部受到了广泛的接受和认可。从根本上说，他是个反实证主义者，而且是从英国经验主义传统中汲取资源来加以抗辩。当然，笔者也认为汤普森受到了德国历史主义的影响，但作为一位以英文为母语写作的学者，他的作品无疑比德国学者的作品更容易被美国学界所直接认可并吸收。

四、两位历史社会学家的异同

蒂利和汤普森同时继承了英语学界的知识遗产，但这两位分居大西洋两岸的历史社会学家在处理"结构"与"文化"的关系问题上交出了不同的答卷。显然，汤普森是个成功的案例，而蒂利则是一个失败的案例。前两节，细致分析了两人对同一研究主题的实证解释：蒂利并没有真正放弃结构主义的思维预设，他没能深入到个体微观互动的层面去呈现"历史中的人"；而汤普森则做到了这一点，他向读者呈现了历史机理中最为细腻的纹路，读者可以从其著述中看到一个个面目清晰的"历史中的人"。事实上，两人在问题意识上的相似性和处理方式上的差异性可以透过三个理论维度上的问题加以透视。这三个问题分别是：如何处理理论与历史的关系？如何理解规律性与偶然性？如何解释社会结构的限定作用和历史主体能动性的发挥？这三个问题直击历史社会学之根本立场，并能够揭示出美国历史社会学不同于欧洲版本的原因——双方在知识传统的继承上深刻受到了"路径依赖"的影响。这又印证了第三章对美国社会科学史之发展轨迹的判断。

在理论与历史的关系问题上，蒂利和汤普森无疑都强调了理论总结应当来自对历史的深入观察，理论应当富有弹性，并能够随着时间的推移而有所调整。蒂利针对帕森斯的宏大理论展开批判，汤普森对教条化了的马克思主义展开炮轰，双方都试图在中观层面上聚焦历史进程，解释内在机制。

两人的不同点在于：汤普森的研究起始于对微观史实的考量，他善于把社会结构作为一种背景幕布，用它来衬托以叙事为核心的写作。他能够游刃有余地在历史现象及其背景之间展开切换。他曾说："最精密的社会学之网也织不出一副纯正的阶级图形，正如它织不出'恭敬'与'爱慕'这些概念一样。关系总是体现在真人身上，而且还要有真实的背景。"[1] 汤普森身上反映了一个人文学者的融会贯通，他是充分地活在历史中并写活了历史的人。他始终强调生活实践对历史写作的影响。但是，蒂利的个人历练较汤普森而言则极为单调、简单，他虽然年少叛逆，在博士学习期间就走上了一条反主流范式的道路，但他所接受的社会科学训练仍然为其留下了挥之不去的印记。蒂利从结构主义的社会分析起家，以质疑和松动单一结构论解释而得以成名，他要为社会学理论引入历史学的时间维度和多样化视角。然而，他又不是一个彻头彻尾的人文主义

---

[1] 〔英〕E.P.汤普森：《英国工人阶级的形成》（上），钱乘旦等译，南京：译林出版社，2001年，第1页。

者，由于一手材料的运用有限，大量使用二手材料，他的研究难免会出现"为论点找材料"的问题。蒂利始终没有摆脱他曾经反对的一种理论先行的思维习惯。

蒂利和汤普森都有一种反实证主义的立场，认为社会问题不同于自然现象，不能以自然科学的方法处理，蒂利试图重新复活经典社会学大家身上被遗漏的德国历史主义思想，而汤普森更多的是继承了英国经验主义的传统。在20世纪后半叶的很长一段时间内，普适理论在美国要比在欧洲更有市场，更具主宰地位，似乎美国人具有更为强烈的问题意识应当去质疑理论的过于疏阔。然而，在反理论的道路上，汤普森远比蒂利走得更远。究其原因，前文已经给出了答案：美国的社会科学是完全按照自然科学的原则奠定的，由此，这就带来了思维预设上的路径依赖和学术分科所造成的体制阻力，进而决定了美国学者所面临的学术生态和他最终的"反理论"程度。

除了以上这种外部原因外，在认识论上看，对历史现象进行理论构建的做法也反映了一个学者对规律和偶然的理解。因为只有不断复现的规律才能为理论提供依据。自然科学强调因果联系的可复现性，而人文科学强调人性的多样和不可测性，社会科学则介于两者之间。美国的社会学在20世纪上半叶沉溺于发现规律，而历史学本身的特质则在于坚守特殊。休厄尔曾指出："长于理论的历史学家不仅少有而且并不总是被归入史学界也显示出理论在历史学研究中还是处于边缘。"[1] "事实上历史学

---

① 〔美〕小威廉·H.休厄尔：《历史的逻辑：社会理论与社会转型》，朱联璧、费滢译，上海：上海人民出版社，2012年，第4—5页。

家对待理论的态度是批判性的。"①休厄尔认为历史学家的这一立场，曾经一度使之难以介入社会理论的探讨。造成了历史学家和社会学家之间的各说各话。但是历史学家的这一立场也深刻启发了社会学家。历史学家们对偶然性表达了深切的关照，并降低了规律性的适用范围。他们强调：时空节点上的差异造成了规律性解释的不确定性，因为具有决定意义的变量"时间"是异质的。"时间"的异质性表现在"事件"的分布和排序两个方面上。"时间"在不同时段上所承载的"事件"数量不是均衡分布在历史的河床上的，"多事之秋"与"太平盛世"总是穿插出现。"事件"是扎堆登场还是零星偶现，由"事件"发生当时的环境特质所决定。"事件"从不像参加阅兵仪式的仪仗队那样，会整齐成排，间距一致地出现在时间的步道上供人观赏。同时，大小"事件"在排列组合和前后次序上也并无定式。各个历史事件发生的时序变更会决定因果链条上的不同路径。"历史学家相信不清楚时序就无法了解事件发生的原因。……行动、事件、趋势本身的复杂却短暂的关联次序将决定它的效应。某个既有的事件的影响可能会被之前、之后或者同一时间发生的事件抵消、放大、偏转、加重、疏导，或是散布。某事的结果是偶然的，并不仅仅由更广泛的行动、趋势、事件决定，同时依赖包括其发生在内的确切关联次序。"②从这个意义上说，历史是很难预测的，因为"事件"的"发生"存在节奏上的快慢和时序上的先后，且总是与"发生"当时那个个别化的情境挂钩，其中充满了偶然。社会学寻找规律，历史学

①〔美〕小威廉·H.休厄尔：《历史的逻辑：社会理论与社会转型》，朱联璧、费滢译，上海：上海人民出版社，2012年，第5页。
②〔美〕小威廉·H.休厄尔：《历史的逻辑：社会理论与社会转型》，朱联璧、费滢译，上海：上海人民出版社，2012年，第7页。

承认偶然，两者之间有一种内在的张力。规律和偶然处于连续统一体的两端，有时也存在相互转化的可能。

历史社会学作为两个学科对话的产物，也常常在规律和偶然间游走。然而，正如笔者前文所言，"反理论"绝非就是简单的"无理论"。历史社会学，特别是战后美国的历史社会学始终坚守了一种对"大结构"和"大进程"的关注，这种宏观视野不仅是在时间轴上有纵深感，在空间轴上也强调国别比较和对重大政治主题的比较。美国战后的历史社会学有一种抵制碎片化研究的倾向，它也表现出了对相对主义和不可知论的拒斥，寻找规律是历史社会学家的共识，只是他们笔下的规律是一种中观层次的机制化的解释，为不确定的特例提供了足够的空间。偶然性始终存在于他们的观察视野之中，历史社会学最初的成功之处就在于它善于提供别样的解释，以更新旧有的理论。历史社会学天然具有一种开放性，试图容规律与偶然于一炉。只是不同历史社会学家对规律和偶然的偏斜程度不一。蒂利和汤普森都是充分容纳偶然并努力归纳规律的学者，只是在对现象层面的历史的亲近程度上，汤普森走得更远，他的作品对单个历史行动者的能动性表达给予了更大的肯定。

在社会结构的外在限制和主体能动性的内在发挥上，蒂利更为亲近对社会结构之限定和强制的分析，而汤普森则试图通过"历史中的人"的"体验"来触及社会与人的双向互动过程。在蒂利看来，文化和意识形态的要素要通过主体的"利益"诉求表达，才能反馈给社会结构。它们并非独立的结构性要素，而是必须经由动员过程，与"外部政治机遇结构"等其他既存的结构性因素发生联动，构成显著的抗争政治，经过"议价"积累造成结构性改变，才最终具有改造显示的能力。他依然带有

"理性人假设"的预设，认为组织化了的集体的利益诉求是其研究的起点。汤普森认为单个历史行动者在日常实践中所经受的"体验/经历"，可以让多个个体凭此获得共有的习惯，形成阶级上的认同，由此社会意识可以进入到社会存在中，变成现实的结构性因素——工人阶级。激进政治文化不仅仅是对经济结构做出的机械和理性的直接反应，它也是调用传统文化资源让阶级意识扮演一个独立的结构性因素，主体能动性可以直接对社会结构构成冲击。在结构和能动性上，蒂利的分析偏向前者，而汤普森的分析则更亲近后者。

英国历史学家艾瑞克·霍布斯鲍姆在1982年退休后，曾长期受雇于纽约市的社会研究新学院（The New School for Social Research，简称NSSR）①，担任政治和社会史荣誉教授。查尔斯·蒂利在1984到1996年间，也曾就职于此，兼任社会学和历史学教授。在此期间，蒂利的研究在一定程度上受到了前者所带来的英国社会史的影响。特别在近代早期的民众反叛问题上，蒂利曾大量征引了后者的著述，如《盗匪》和《原始的反叛》等书。除了"粮食骚乱"之外，E.P. 汤普森对英国乡村民众的抗争形式"喧闹游行"（rough music）的讨论也出现在了蒂利讨论戏码变迁的著述之中。在20世纪80年代以后，美国的历史社会学家与欧洲同侪

---

① 有时也简称："新学院"（The New School）或"新学院大学"（New School University）。这所最初创立于1919年，宣扬进步主义理论的成人教育机构曾经吸收了一批从哥伦比亚大学出走的人文社科学者，并反映了20世纪初美国鲁滨逊新史学运动的一些理念。1933年起，其下属的流亡大学（University in Exile），后又名政治与社会科学研究所（Graduate Faculty of Political and Social Science），成为受法西斯迫害的大量欧洲学者的避难地，也开启了欧洲和北美学者交汇、激辩的新篇章。成为敦促美国社会科学界了解欧洲学界的重要窗口。该机构具有一定的左翼激进传统，有反抗学科体制僵化的自由主义学风。

的联系日益增多，也日益关注发生于欧洲的理论和范式变迁。本章细致比较了蒂利和汤普森的经验研究，并最终指出二人在三个理论问题上的异同。事实上，这三个理论问题也真实反映了欧洲和美国的历史社会学的在理论上的细微分殊。美国历史社会学有其独特的成长土壤（受限于美国社会科学界自然科学化倾向的体制限定）和本土化的问题意识（针对现代化理论对普世规律的寻求提出批判）。美国的历史社会学家多多少少都有些结构主义的遗痕，而并不能非常成功地转向到文化研究。美国的历史社会学始终有一种挣脱自然科学标准和实证主义研究方法的问题意识，但在真正突破的过程中，又多少受制于美国学科体制的限定。而在欧洲学界，社会科学从未与人文学科发生过过度的分离，这反倒赋予欧洲的历史社会学家更多的自由度而不必受限于追求规律和确定性的理论预设。在社会科学的"人文转向"问题上，美国学界较欧洲学界面临更大阻力。

参考文献

英文专著:

[1] Julia Adams, Elisabeth Clemens and Ann Shola Orloff eds, *Remaking Modernity: Politics, History and Sociology*, Durham:Duke University Press, 2004.

[2] Ronald R. Aminzade eds, *Silence and Voice in the Study of Contentious Politic*, New York: Cambridge University Press, 2001.

[3] Perry Anderson, *Lineages of the Absolutist State*, Atlantic Highlands, N.J.: Humanities Press,1974.

[4] R. A. Billington eds, *Frontier and Section: Selected Essays of Frederick Jackson Turner*, N.J., Englewood Cliffs:Prentice-Hall, Inc.,1961.

[5] Peter Burke, *History and Social Theory*, Cambridge: Polity Press,1992.

[6] Peter Burke, *Eyewitnessing: The Uses of Images as Historical Evidence*, London: Reaktion Books, 2006.

[7] Craig Calhoun eds, *Social Theory and the Politics of Identity*, Cambridge, MA.: Blackwell Publisher,1994.

[8] Dan Clawson eds, *Required Reading: Sociology's Most Influential Books*, Amherst: University of Massachusetts Press,1998.

［9］ Peter B.Evans, Dietrich Rueschemeyer and Theda Skocpol eds, *Bringing The State Back In*, New York: Cambridge University Press,1985.

［10］ Antoine Guilland, *Modern Germany and Her Historians*, London: Jarrold & Sons,1915.

［11］ Robert E. Goodin and Charles Tilly eds, *Oxford Handbook of Contextual Political Analysis*, New York: Oxford University Press, 2006.

［12］ Michael P.Hanagan, Leslie Page Moch and Wayne te Brake eds, *Challenging Authority: The Historical Study of Contentious Politics*, Minneapolis: University of Minnesota Press, 1998.

［13］ Richard Lachmann, *What Is Historical Sociology*, Cambridge, UK: Polity Press, 2013.

［14］ Karl Lamprecht, *What Is History? Five Lectures on the Modern Science of History*, trans by E.A. Andrews, New York: Macmillan,1905.

［15］ Terrence J. McDonald eds, *The Historic Turn in the Human Sciences,* AnnArbor: The University of Michigan Press, 1996.

［16］ Barrington Moore, *Political Power and Social Theory*, Cambridge, Mass. : Harvard University Press, 1958.

［17］ Robert K. Merton, *Social Theory and Social Structure (Enlarged Edition)*, New York: Free Press,1968.

［18］ Peter Novick, *That Noble Dream: The "Objectivity Question"and the American Historical Profession*, Cambridge［England］: Cambridge University Press, 1988.

［19］ Talcott Parsons & Neil J. Smelser, *Economy and Society: A Study in the Integration of Economic and Social Theory*, New York: Free Press, 1956.

［20］ Talcott Parsons, *Societies: Educationary and Comparative Perspectives*, Englewood Cliffs, N.J.: Prentice-Hall,1966.

［21］ Talcott Parsons and Gearld M.Platt, *The American University*, Cambridge, Mass. : Harvard University Press, 1973.

［22］ William H. Sewell Jr., *Logics of History: Social Theory and Social Transformation* , Chicago: University of Chicago Press, 2005.

［23］ Theda Skocpol, *States and Social Revolutions: A Comparative Analysis of France, Russia, and China*, New York: Cambridge University Press, 1979.

［24］ Theda Skocpol eds, *Vision and Method in Historical Sociology*, New York: Cambridge University Press, 1984.

［25］ Theda Skocpol, *Social Revolutions in the Modern World*, Cambridge: Cambridge University Press, 1994.

［26］ Dennis Smith, *The Rise of Historical Sociology*, Cambridge: Polity Press Limited, 1991.

［27］ Arthur Stinchcombe, *Theoretical Methods in Social History*, New York: Academic Press, 1978.

［28］ Charles Tilly, *The Vendée*, Cambridge: Harvard University Press, 1964.

［29］ Charles Tilly eds, *The Formation of National States in Western Europe*, Princeton, N.J. : Princeton University Press,1975.

［30］ Charles Tilly, Louise Tilly and Richard Tilly, *The Rebellious Century, 1830−1930*, Cambridge, Mass.: Harvard University Press,1975.

［31］ Charles Tilly, *From Mobilization to Revolution*, Mass. : Addison-Wesley Pub. Co., 1978.

［32］Charles Tilly, *Big Structures, Large Processes, Huge Comparisons*, New York: Russell Sage Foundation, 1984.

［33］Charles Tilly, *The Contentious French: Four Centuries of Popular Struggle*, Cambridge, Mass.: Belknap Press, 1986.

［34］Charles Tilly, *Coercion, Capital, and European States, AD990-1992*, Cambridge, MA.: Blackwell Publishing, 1992.

［35］Charles Tilly, *Popular Contention in Great Britain, 1758-1834*, Cambridge, Mass: Harvard University Press, 1995.

［36］Charles Tilly, Doug McAdam and Sidney Tarrow, *Dynamics of Contention*, New York: Cambridge University Press, 2001.

［37］Charles Tilly, *Regimes and Repertoires*, Chicago: The University of Chicago Press, 2006.

［38］Charles Tilly, *Contentious Performances*, New York: Cambridge University Press, 2008.

英文论文、网上会议论文：

［1］Neal Caren, "The 102 Most Cited Works in Socioloogy, 2008-2012", http: //nealcaren.web.unc.edu/the-102-most-cited-works-in-sociology-2008-2012/, June1, 2012.

［2］Jack Goldstone, "［Review］: Social Revolutions in the Modern World by Theda Skocpol", *The American Historical Review*, Vol. 101, No. 3. (Jun., 1996).

［3］Philip S.Gorski, "Beyond Marx and Hintze? Third-Wave Theories of Early Modern State Formation", *Comparative Studies in Society and*

History, Vol. 43, No. 4 ,Oct., 2001.

［4］ David D. Laitin & Carolyn M. Warner, "Structure and Irony in Social Revolutions", *Political Theory*, Vol. 20, No. 1. (Feb., 1992).

［5］ Mark Lichbach,"Charles Tilly's Problem Situation: From Class and Revolution to Mechanisms and Contentious Politics", *Perspectives on Politics*, Vol.8, No.2(June 2010).

［6］ Deniel Little, "Interview with Charles Tilly: Origins, The Vendee", youtube, http://www.youtube.com/watch?v=hlJVsMOyb_I&list=PL73ABDF5D9781DF91, Dec15,2007.

［7］ Talcott Parsons, "The School Class as a Social System: Some of its Functions in American Society", *Social Structure and Personality*, New York: Free Press, 1959.

［8］ Talcott Parsons,"The Strange Case of Academic Organization", *The Journal of Higher Education*,42(6), 1971.

［9］ William H. Sewell, Jr."［Review］: Ideologies and Social Revolutions: Reflections on the French Case", *The Journal of Modern History*, Vol. 57, No. 1. (Mar., 1985).

［10］ William H. Sewell, Jr. , "Charles Tilly's Veedee as a Model for Social History", *French History Studies*, Vol.33, No.2 (Spring2010).

［11］ William H.Sewell, Jr.,"Early Tilly: The Vendée and Historical Social Science". 此文是一场名为："Contention, Change, and Explanation: A Conference in Honor of Charles Tilly" 的会议论文，网络链接http://www.ssrc.org/hirschman/content/2008/texts/Sewell.pdf，下载时间：2011年12月。

［12］ James Sheehan, "Barrington Moore on Obedience and Revolt", *Theory and Society*, 9(5),1980.

［13］ Theda Skocpol,"［Review］: Cultural Idioms and Political Ideologies in the Revolutionary Reconstruction of State Power: A Rejoinder to Sewell", *The Journal of Modern History*, Vol. 57, No. 1. (Mar., 1985).

［14］ Bruce M. Stave, "A Conversation with Charles Tilly: Urban History and Urban Sociology", *Journal of Urban History* , Vol.24, No2, Jan, 1998.

［15］ George Steinmetz, "Charles Tilly, German Historicism, and the Critical Realist Philosophy of Science", *American Sociologist*, Vol. 41 Issue 4(Dec.2010).

［16］ Lawrence Stone , "News from Everywhere"［review of Barrington Moore, Ir., Social Origins of Dictatorship and Democracy］, *New York Review of Books*, August 24,1967.

［17］ Sidney Tarrow, "Review: Big Structures and Contentious Events: Two of Charles Tilly's Recent Work", *Sociological Forum*, Vol.2, No.1 (Winter, 1987).

［18］ Charles Tilly, "Future History", *Theory and Society*, Vol.17, No.5. Sep, 1988.

［19］ Charles Tilly, "History of and in Sociology", *American Sociology*, 2007, 38.

［20］ Eugen Weber,"［Review］The Contentious French:Four Centuries of Popular Struggle", *The Journal of Modern History*, Vol.59, No.4(Dec.1987).

中文专著、译著：

［1］〔法〕雷蒙德·阿隆：《社会学主要思潮》，葛智强、胡秉诚、王沪宁译，上海：译文出版社，2005年。

［2］〔德〕斯特凡·贝格尔主编：《书写民族：一种全球视角》，孟钟捷译，杭州：浙江大学出版社，2018年。

［3］〔英〕彼得·伯克：《图像证史》，杨豫译，北京：北京大学出版社，2008年。

［4］〔英〕彼得·伯克：《历史学与社会理论》，姚朋、周玉鹏等译，刘北成校，上海：上海人民出版社，2001年。

［5］〔英〕彼得·伯克：《法国史学革命：年鉴学派，1929—1989》，刘永华译，北京：北京大学出版社，2006年。

［6］〔英〕卡尔·波兰尼：《大转型：我们时代的政治经济起源》，冯钢、刘阳译，杭州：浙江人民出版社，2007年。

［7］〔美〕艾伦·布林克利：《出版人：亨利·卢斯和他的美国世纪》，朱向阳、丁昌建译，北京：法律出版社，2011年。

［8］〔法〕马克·布洛赫：《历史学家的技艺》，张和声、程郁译，上海：上海社会科学院出版社，1992年。

［9］〔英〕彼得·狄肯斯：《社会达尔文主义——将进化思想和社会理论联系起来》，涂骏译，长春：吉林人民出版社，2005年。

［10］〔美〕查尔斯·提利：《法国人民抗争史：四个世纪／五个地区》，刘絮恺译，台北：麦田出版股份有限公司，1999年。

［11］〔美〕查尔斯·蒂利：《为什么？》，李钧鹏译，北京：北京时代华文书局，2016年，第2版。

［12］〔美〕埃里克·方纳：《美国历史：理想与现实》（下册），王希译，北京：商务印书馆，2017年。

［13］〔英〕麦克·甘恩：《法国社会理论》，李康译，北京：北京大学出版社，2011年。

［14］〔德〕乌塔·格哈特：《帕森斯学术思想评传》，李康译，北京：北京大学出版社，2009年。

［15］郭台辉编著：《历史社会学的技艺：名家访谈录》，天津：天津出版传媒集团，天津人民出版社，2018年。

［16］〔英〕艾瑞克·霍布斯鲍姆：《霍布斯鲍姆自传：妙趣横生的20世纪》，周全译，北京：中信出版社，2016年。

［17］〔法〕安托万·基扬：《近代德国及其历史学家》，黄艳红译，北京：北京大学出版社，2010年。

［18］〔西〕米格尔·A.卡夫雷拉：《后社会史初探》，玛丽·麦克马洪英译，李康中译，北京：北京大学出版社，2008年。

［19］〔德〕于尔根·科卡：《社会史：理论与实践》，景德祥译，上海：上海人民出版社，2006年。

［20］〔英〕弗兰克·克默德：《结尾的意义：虚构理论研究》，刘建华译，沈阳：辽宁教育出版社，2000年。

［21］〔美〕理查德·拉赫曼：《历史社会学概论》，赵莉妍译，北京：商务印书馆，2017年。

［22］〔美〕雷迅马：《作为意识形态的现代化：社会科学与美国对第三世界政策》，牛可译，北京：中央编译出版社，2003年。

［23］李工真：《德意志现代化进程与德意志知识界》，北京：商务印书馆，2017年。

［24］李剑鸣：《历史学家的修养与技艺》，上海：上海三联书店，2007年。

［25］〔美〕多萝茜·罗斯：《美国社会科学的起源》，王楠、刘阳、吴莹译，北京：生活·读书·新知三联书店，2019年。

［26］〔美〕道格·迈克亚当，西德尼·塔罗，查尔斯·蒂利：《斗争的动力》，李义中、屈平译，南京：译林出版社，2006年。

［27］〔美〕C.赖特·米尔斯：《社会学的想象力》，李康译，北京：北京师范大学出版社，2018年。

［28］〔美〕罗伯特·K.默顿：《社会理论与社会结构》，唐少杰、齐心译，南京：译林出版社，2006年。

［29］〔美〕巴林顿·摩尔：《专制与民主的社会起源——现代世界形成过程中的地主和农民》，王茁、顾洁译，上海：译文出版社，2014年。

［30］〔美〕艾尔东·莫里斯，卡洛尔·麦克拉吉·缪勒主编：《社会运动理论的前沿领域》，刘能译，秦明瑞校，北京：北京大学出版社，2002年。

［31］〔法〕热拉尔·努瓦利耶：《社会历史学导论》，王鲲译，上海：上海人民出版社，2009年。

［32］〔美〕彼得·诺维克：《那高尚的梦想："客观性问题"与美国历史学界》，杨豫译，北京：生活·读书·新知三联书店，2009年。

［33］〔美〕帕森斯，斯梅尔瑟：《经济与社会》，刘进等译，北京：华夏出版社，1989年。

［34］〔美〕西达·斯考切波编，《历史社会学的视野与方法》，封积文等译，上海：上海人民出版社，2007年。

［35］〔英〕丹尼斯·史密斯：《历史社会学的兴起》，周辉荣、井建斌等译，刘北成校，上海：上海人民出版社，2000年。

［36］孙琇:《解读蒂利——查尔斯·蒂利的政治转型研究与美国历史社会学的发展》,济南:山东人民出版社,2015年。

［37］〔法〕阿列克谢·德·托克维尔:《旧制度与大革命》,李焰明译,台北:时报文化出版社,2015年。

［38］〔英〕E.P.汤普森:《英国工人阶级的形成》(上),钱乘旦等译,南京:译林出版社,2001年。

［39］〔英〕爱德华·汤普森:《共有的习惯》,王加丰、沈汉译,上海:上海人民出版社,2020年。

［40］〔德〕彼得·瓦格纳:《并非一切坚固的东西都烟消云散了:社会科学的历史与理论一探》,李康译,北京:北京大学出版社,2011年。

［41］王立新:《意识形态与美国外交政策》,北京:北京大学出版社,2007年。

［42］王晓德:《文化的他者:欧洲反美主义的历史考察》,北京:中国社会科学出版社,2017年。

［43］〔德〕马克斯·韦伯等:《科学作为天职:韦伯与我们时代的命运》,李猛编,北京:生活·读书·新知三联书店,2018年。

［44］〔挪威〕文安立:《全球冷战:美苏对第三世界的干涉与当代世界的形成》,牛可等译,北京:世界图书出版公司,2012年。

［45］〔美〕沃勒斯坦等:《开放社会科学:重建社会科学报告书》,刘峰译,北京:生活·读书·新知三联书店,1997年。

［46］〔美〕小威廉·H.休厄尔:《历史的逻辑:社会理论与社会转型》,朱联璧、费滢译,上海:上海人民出版社,2012年。

［47］〔美〕格奥尔格·伊格尔斯:《二十世纪的历史学:从科学的客观性到后现代的挑战》,何兆武译,济南:山东大学出版社,2006年。

［48］〔德〕斯特凡·约尔丹主编：《历史科学基本概念词典》，孟钟捷译，北京：北京大学出版社，2012年。

［49］赵鼎新：《社会与政治运动讲义》，北京：社会科学文献出版社，2006年。

［50］赵鼎新：《国家、战争与历史发展：前现代中西模式的比较》，杭州：浙江大学出版社，2015年。

中文期刊论文、网上评论：

［1］李钧鹏：《新哥伦比亚学派？》，《读书》2011年第7期。

［2］李钧鹏：《蒂利的历史社会科学——从结构还原论到关系实在论》，《社会学研究》2014年第5期。

［3］柳亮、刘小平：《塔尔科特·帕森斯高等教育问责思想初探》，《比较教育研究》2017年第3期。

［4］卢晖临：《社会学的历史转向》，《开放时代》2004年第1期。

［5］孟庆延：《古典根源与现代路径：作为总体视域的历史社会学》，《广东社会科学》2018年第6期。

［6］牛可：《历史对发展意味着什么？》，《现代化研究》第1辑（创刊号），商务印书馆，2002年。

［7］牛可：《自由国际主义与第三世界——美国现代化理论兴起的历史透视》，《美国研究》2007年第1期。

［8］渠敬东：《返回历史视野，重塑社会学的想象力：中国近世变迁及经史研究的新传统》，《社会》2015年第1期。

［9］张弛：《帕森斯和哈佛大学社会学系》，《新史学·第十一辑：职业历史学家与大众历史学家》，2013年。

［10］赵鼎新：《评蒂利的〈强制、资本和欧洲国家〉》，社会学视野网站，网络连接：http://www.sociologyol.org/shehuibankuai/shuping/2011-06-02/12803.html，下载时间2011年12月。

［11］赵鼎新：《时间、时间性与智慧：历史社会学的真谛》，《社会学评论》2019年第1期。

［12］赵鼎新：《什么是历史社会学？》，《中国政治学》2019年第2期。

［13］赵立玮：《塔尔科特·帕森斯论"教育革命"》，《北京大学教育评论》2009年第3期。

后　记

　　本书的写作始于恢宏的构想，终于无情的删减。以笔者的经历而言，写纯理论的题目往往会陷入过度穷思竭虑的苦境，遭遇完美主义者的自我折磨。皓首穷经所得来的提炼之物往往曲高和寡，应者寥寥。

　　最近两三年，与学术圈外的朋友和家人分享写作，给了我极有价值的启发。我的第一本书出版时，一位圈外的朋友曾很坦诚地说：他只读了作者简介、内容提要和记述写作过程的后记部分，正文部分的纯学术讨论对门外汉而言几无用处。他建议我写点儿更接地气、能为常人有益的小册子。这一建议不免冒昧，但却犀利。

　　在写这本书时，我曾在美国访学一年，其间也曾对社会学界内部的纯理论讨论追新求异，一度花大量时间研读了翻新的概念和术语。[①]然而，旅美社会学家赵鼎新教授阅尽千帆在《时间、时间性和智慧：历史社会学的真谛》一文中曾对专业研究的碎片化做出过批评，用他的话说："随着历史知识的日益丰富，我们对时间的理解变得日益破碎，造就了一个只长知识不长智慧的年代。……历史学的研究议题在变小，议题覆盖的时间段也在变短。在这一趋势下，绝大多数的历史学家不再有全局观，

---

　　① 最新的历史社会学的纯理论讨论被称为"3C问题"，即因果性（Causality）、偶然性/偶合性（Contingency）和反事实性（Counter-factuality）。

并且因为褊狭地强调自己领域的特有材料和视角对于理解历史发展的重要性，而经常展开摸象的瞎子之间的论战。"①

他的这一判断也让我警醒起来，希望本书不是象牙塔里的自说自话，而能够适度放宽眼量：不只是聚焦纯粹学术争辩，而是更多展现作为美国历史社会学之外部背景的社会和学界的整体风貌。由此，本书的上篇用第一、第二两章，尝试呈现"主街"和"象牙塔"间的互动。第三章从美国社会科学史的整体面貌和方法论倾向的学理背景，呈现历史社会学所反映的"破解学科壁垒"的努力。其中也涉及美国史学史的部分内容，这是社会学史家在讨论历史社会学时往往不太注意的内容。在第三章中，我力图呈现个人化的一些想法而不过度罗列史料，抓住历史主义和科学主义之间的张力来陈述核心症结。

此外，赵鼎新对美国学者茱利亚·亚当斯等人在《重塑现代性》一书中所划分的历史社会学的第三波评价并不高，他认为第三波研究议题过于分散，并不具有明显一致的研究方向，甚至"是美国历史社会学走向了误区的表现"②。当然，他的这一判断也许不能被那些凭"标新立异"而求生存空间的青年学者所接受，但他无疑抱持了一种立场，即历史社会学作为一种在学术史长河中有始，也必将有终的学术流派和研究立场，有它核心的、足以定义自身的研究主题，即"工业资本主义和民族国家产生的原因和后果"是历史社会学在实质上的唯一问题意识，因为这两大进程构成了现代社会的全部现实。③这两大进程也是美国历史社

---

① 赵鼎新：《时间、时间性与智慧：历史社会学的真谛》，《社会学评论》2019年第1期，第8页。

② 赵鼎新：《什么是历史社会学？》，《中国政治学》2019年第2期，第108页。

③ 赵鼎新：《什么是历史社会学？》，《中国政治学》2019年第2期，第105—108页。

会学的标杆性人物查尔斯·蒂利的核心研究内容。蒂利所讨论的所有议题，皆可进入"强制（以民族国家的权力扩张为代表）与资本（以资本主义的发展为主线）的逻辑"。因此，本书最终放弃了对一些尚存争议、未被广泛接受的新著的讨论，而是将下编第四、第五两章的书目选择放在了认同度最高的几本旧作上，这些著作在议题上也都围绕蒂利所认定的"大结构"和"大进程"展开，由此，我也试图对其进行"大比较"。依我看来，关注社会转型，关注大问题，考察它们在时间流变中的变迁，这本就是历史社会学出现之初的基本诉求。拒绝研究主题的碎片化也是历史社会学家的一种基本立场，因为他们要维持对社会的宏观感知，整体解读，全面评估。唯有此，才能更好地发挥其济世的出发点。

当然，本拙作无法同蒂利的《大结构、大进程和大比较》一书相提并论。但读完那边小册子，我也决定让自己的拙作成为一本小册子，尽量清晰、简洁，有点科普性，具备更多书目导读的意义和价值。由此，我决定不去过度卷入纯社会学理论的讨论，就停留于史学史的层面，也希望借此能多博得一点读者的阅读。因此，对"后社会史"（Postsocial History）[1] 和"事件社会学"（Eventful Sociology）[2] 的理论探讨不再在此书中涉及，它能不能成为历史社会学的新趋势，能不能被广泛接受，这都有待时间的进一步检验。从谨慎角度计，我把自己不成熟的一些文字直接做了删减，希望压缩篇幅，让本书的线索更清楚，内容更集中，以期成为一本更为明了的史学史作品。

---

[1]　米格尔·A.卡夫雷拉：《后社会史初探》，玛丽·麦克马洪英译，李康中译，北京：北京大学出版社，2008年。另见谢立中：《后社会学：探索与反思》，《社会学研究》2012年第1期。

[2]　〔美〕小威廉·H.休厄尔：《历史的逻辑：社会理论与社会转型》，朱联璧、费滢译，上海：上海人民出版社，2012年。

本书的写作过程痛苦、漫长，但也给了我一个信念，即应当尽快卸掉理论的包袱，亲身参与进实证研究，使用这些理论和方法。只有经过"实战"的学者，成为"被归类"的学派的成员之后，才能写出更好的史学史评述。从这个意义上说，我无意拔高这本小册子的学术价值，只是真诚地呈现我的思考过程，并提供一种从典型意义的史学史写作上对历史社会学的梳理，从而为社会学家提供一份历史学学者的答卷。我希望自己能尽快告别这本小书，以这个项目的终结作为再次出发的契机，尝试去做一做经验研究。自己能构成为这场反体制化的学术运动的参与者而非旁观者。

历史社会学在20世纪后半叶的崛起，反映了一批美国学者的世界眼光；20世纪末，全球史，特别是美国史学界中跨国史的兴起也都对民族国家这一分析单位做出了新的阐释和定位，从而提供了一些更新的视角来处理历史社会学的核心研究主题，即现代性中的国家。我也在思考：随着现代社会转型的完成，民族国家自身也面临被侵蚀，甚至被消解的危险。由此，围绕现代性中的民族国家为中心主题的历史社会学研究在21世纪将走向如何呢？它是否也会陷入新史学所受诟病的"碎片化"陷阱呢？是否会变成为了博人眼球而嫁接各色理论的"四不像"呢？我更希望历史社会学的意义在于提醒美国社会科学界要更加敬畏和尊重历史，将时空特殊性作为一种不容回避的基本变量，放入其所有的理论建构中。

最后，借用中国社会家渠敬东教授评价社会学的一段话来表达笔者对历史社会学的期许。"社会学是应时代之巨变而产生的，她对于现代危机的体验、认识和判断，来源于多方面的深刻感受力和分析力，从经验、历史和观念的综合层面，从结构、机制和行动的多重维度出发，见微知著，通过一个个具体现象来呈现经验总体的构成逻辑以及不同区域和文明相互碰撞和交织而成的世界历史。正因为社会学自形成伊始就放眼整个世界的经验与历史，所以对于诸文明发展中的思想史、制度史以及社会史具有总体把握的能力，同时努力深入现实生活的完整经验世界之中，有着强烈的问题意识和社会关怀，才会成为一门全新的科学。"[①]如上表述同样适用于历史社会学。

　　这本小册子反映的是我个人的一些思考和判断，真诚期待着诸位师长的批评与指正。

孙　琇
于济南

---

　　① 渠敬东：《返回历史视野，重塑社会学的想象力：中国近世变迁及经史研究的新传统》，《社会》2015年第1期，第3页。